DAS KLEINE
SCHWARZE BUCH
DER BESSER-LEBEN-
GEHEIMNISSE

BENEFIT
Ihr exklusiver Ratgeber für eine bessere Gesundheit, mehr Geld und maximalen Erfolg

Vorwort   **5**

Bessere Gesundheit
Vitamine und Mineralstoffe – bei diesen geraten Sie leicht ins Minus!   **7**
Ihr Laborwerte-Befund – (k)ein Buch mit sieben Siegeln   **11**
Nehmen Sie Kohlenhydrate zu sich!   **13**
Wie viele Kalorien benötigen Sie eigentlich?   **14**
5 Ernährungsmythen, denen Sie keinen Glauben schenken sollten   **15**
Verbrennungen: So leisten Sie professionelle Ersthilfe   **17**
Sanft, aber gut: Die 4 besten natürlichen Schmerzmittel für Sie auf einen Blick **18**
Fantastisch: So machen Sie Ihr Gehirn um 20 Jahre jünger!   **20**
7 bislang unterschätzte Lebensmittel, die Ihre Abwehrkräfte ankurbeln!   **22**
Der „Brokkoli-Trick" für eine gesunde Prostata und eine starke Potenz   **24**
Beers-Liste   **26**
So beugen Sie diesen 8 gefährlichsten Nebenwirkungen eines
Krankenhausaufenthalts vor!   **28**
Gehen Sie einfach einen Tick schneller   **31**
Schützen Sie Ihre Atemwege mit Thymiantee   **32**

Finanzielle Unabhängigkeit
Wann Sie eine Steuererklärung abgeben müssen und wann nicht   **35**
Steuerformulare: Warum, weshalb, woher?   **39**
Zeile für Zeile – diese Eintragungen bringen Ihnen die größte Steuerersparnis   **41**
Wer pflegt, erbt mehr!   **46**
Was Sie sofort tun müssen, wenn Sie Geld falsch überwiesen haben!   **47**
Bahn fahren und Geld sparen   **49**

Mehr Lebensqualität
Bekommen Sie immer Ihr gutes Recht? Diese Schlichtungsstellen helfen
Ihnen dabei   **53**
Lösen Sie jetzt die 6 größten Probleme des modernen Lebens –
mithilfe der alten Griechen   **54**
7 Tipps: So finden Sie einen Partner   **57**
10 goldene Regeln, wie Sie sich vor Bankbetrügern schützen   **59**
Was sind die besten Verhaltensweisen, wenn Sie auf der Straße bedroht werden?   **64**
Schluss mit Einbruch: Die 7-Minuten-Anleitung   **67**

Impressum

Das kleine Schwarze Buch der Besser-leben-Geheimnisse

maxLQ, ein Unternehmensbereich der FID Verlag GmbH
Koblenzer Str. 99, 53177 Bonn; Tel.: 0228/9550420,
Fax: 0228/3696499, www.fid-verlag.de; AG Bonn, HRB 7435
Geschäftsführer: Daniela Birkelbach, Richard Rentrop
Chefredakteur: Dr. Dietmar Kowertz (v.i.S.d.P.)
Redaktionell Verantwortliche: Andrea Nebel, FID Verlag GmbH, Adresse s.o.
Fotos: WavebreakmediaMicro - stock.adobe.com (S. 6), M.studio - stock.adobe.com
(S. 13), Ivan - stock.adobe.com (S. 32), Robert Kneschke - Fotolia (S. 34),
Jenny Sturm - stock.adobe.com (S. 52)
Gestaltung & Satz: Frank Schneider, Alpenrod
Druckerei: DRUCKMÜLLER GmbH, Roth
Herstellung: Sebastian Gerber, Bonn
ISBN: 978-3-95443-209-7

Alle Beiträge wurden mit Sorgfalt recherchiert und überprüft. Sie basieren jedoch auf
der Richtigkeit uns erteilter Auskünfte und unterliegen Veränderungen. Deshalb kann
keine Gewähr übernommen werden. Bei allen geschäftlichen Unternehmungen gibt
es – das liegt in der Natur der Sache – gewisse Risiken. Daran sollten Sie bei der Über-
tragung der Informationen auf Ihre persönliche Situation denken. Gegebenenfalls
ziehen Sie einen Rechtsanwalt, einen Steuer- oder Unternehmensberater hinzu.

Mehr Lebenskraft bis ins hohe Alter!

Liebe Leserin,
lieber Leser,

die durchschnittliche Lebenserwartung eines neugeborenen Jungen liegt bei 58 Jahren, die eines Mädchens bei 61 – so war es im Deutschland vor exakt 100 Jahren. Seitdem ist die Lebenserwartung rasant angestiegen. Ein heute 60-jähriger Mann darf sich statistisch auf weitere 22, eine gleichaltrige Frau auf 25 Lebensjahre freuen! Leider zeigt die Statistik auch, dass wir die längere Lebensspanne mit einem erhöhten Krankheitsaufkommen und steil ansteigenden Gesundheitskosten bezahlen müssen.

Wie schön wäre es aber, wenn wir diese hinzugewonnene Lebenszeit gesund und fit und ohne Geldsorgen genießen könnten. Ein Leben mit maximaler Lebensqualität.

Und das ist jetzt ganz einfach. Denn in meinem kleinen Schwarzen Buch der Besser-leben-Geheimnisse zeige ich Ihnen, wie Sie mit ganz einfachen Tricks ein Leben mit besserer Gesundheit, finanzieller Unabhängigkeit und mehr Lebensqualität führen können. Sehen Sie auf einen Blick alles, was Ihnen hilft, die Verantwortung für ein glückliches und erfülltes Leben selbst in die Hand zu nehmen.

Ich wünsche Ihnen viel Spaß beim Lesen und Ausprobieren!

Ihr

Dr. Dietmar Kowertz
Chefredakteur BENEFIT

PS: Sie haben das Gefühl, Sie stehen ständig unter Stress? Lesen Sie dazu meinen Tipp auf Seite 55.

Bessere Gesundheit

Vitamine und Mineralstoffe – bei diesen geraten Sie leicht ins Minus!

Mit zunehmendem Alter können auch beim gesunden Menschen einige Vitamine und Mineralstoffe ins Defizit geraten. Schuld ist meistens nicht die Tatsache, dass wir weniger davon verzehren, sondern vielmehr der Umstand, dass diese im Darm nicht mehr so gut verwertet bzw. resorbiert werden, wie das in jüngeren Jahren der Fall ist.

Ich habe für Sie die kritischen Vitamine und Mineralstoffe unter die Lupe genommen und sage Ihnen, wann Sie in eine Unterversorgungssituation geraten können und womit Sie ihr am besten vorbeugen.

Verhindern Sie unangenehme Symptome und nehmen Sie Vitamin B_{12}

Vitamin B_{12} ist u.a. für unsere Blutbildung und im Stoffwechselgeschehen unverzichtbar. Nun kommt's: Etwa 30 bis 40 % aller über 65-Jährigen leiden unter einer Gastritis, einer entzündlichen chronischen Veränderung und Rückbildung der Schleimhaut im Verdauungstrakt. Vitamin B_{12} wird dadurch nicht mehr in ausreichenden Mengen resorbiert. Das hat u.a. Müdigkeit, blasse Hautfarbe, Brennen auf der Zunge, Konzentrationsprobleme und Körpergeruch zur Folge. Auch Diabetes oder übermäßiger Alkoholkonsum kann die Versorgung behindern.

Sprechen Sie gegebenenfalls mit Ihrem Arzt über eine Nahrungsergänzung mit Vitamin B_{12}, z.B. von Ratiopharm, 100 Tabletten 6,67 €, PZN 08735267; oder von Lichtenstein, 10 x 1 Milliliter 4,37 €, PZN 06174296. Über das Vorkommen in der Nahrung sowie über den täglichen Bedarf informiert Sie unsere große Tabelle auf Seite 10.

Magnesium hilft, Ihre Knochen widerstandsfähig zu machen

Magnesium ist jeweils zur Hälfte in Knochen und Zähnen sowie im Energiestoffwechsel unterwegs. Mit zunehmendem Alter wird eine Magnesium-Unterversorgung immer wahrscheinlicher. Ursachen: zu geringer Verzehr von Brot und Vollkornprodukten, Ernährung von Konserven, Nebenwirkungen von Abführ- und Entwässerungstabletten. Leider zeigt sich der Blutwert auch dann noch unverändert, wenn bereits erste Mangelsymptome wie nervöse Störungen, Übererregbarkeit, Unruhe, Zittern und Schwindelanfälle auftreten. Eine exakte Messung ist nur mithilfe der Atomabsorptionsspektrometrie (AAS) gewährleistet.

Bei Magnesiummangel wird Ihr Arzt Ihnen zu einem Nahrungsergänzungsmittel raten, etwa von Verla-Pharm, 200 Dragees ab ca. 7,40 €, PZN 04911945; oder von Protina, 100 Briefchen mit Granulat à 5 g ca. 22,95 €, PZN 07274315. Bedarf siehe Tabelle auf Seite 10.

Tun Sie Ihrem Herzen etwas Gutes und nehmen Sie Folsäure

Folsäure, auch als Vitamin B_9 bezeichnet, ist in der Lage, den Homocystein-Gehalt im Blut zu reduzieren, den Risikofaktor für Herz-Kreislauf-Erkrankungen schlechthin. Daher bezeichnet man Folsäure auch als Herzschutz-Vitamin. Ein Mangel hat Durchfall, Blähungen, Entzündungen im Mundraum, Blutungsneigungen sowie Empfindungsstörungen zur Folge. Folsäure aus pflanzlicher Herkunft ist nur zu einem Bruchteil verwertbar, was bei älteren Menschen die Versorgungssituation verschärfen kann. Auch durch ständiges Essen von Fertigmenüs oder Fastfood kann ein Folsäure-Defizit entstehen. Ohne ärztliche Aufsicht sollten Sie Folsäure nicht ergänzen. Ein hoher Folsäurespiegel im Blut kann nämlich einen – gefährlicheren – Vitamin-B_{12}-Mangel überdecken.

Folsäure gibt's z.B. von Stada, 100 Tabletten 5,25 €, PZN 01328613; oder von Hevert, 100 Tabletten 8,56 €, PZN 03477352. Bedarf siehe Tabelle auf Seite 10.

Stärken Sie Ihre Knochen mit Vitamin D

Vitamin D reguliert den Kalzium-Haushalt und ist daher unmittelbar am Aufbau und Erhalt unserer Knochensubstanz beteiligt. Wer sich tagsüber mindestens 20 bis 30 Minuten im Freien aufhält und die UV-Strahlen der Sonne (auch wenn sich diese hinter Wolken verbirgt) an seine Haut lässt, tut meist genug für seine Vitamin-D-Versorgung. Doch mit zunehmendem Alter halten sich die Menschen immer mehr im Haus auf.

Eine EU-weite Studie belegt, dass rund 50 % aller über 65-Jährigen mit Vitamin D unterversorgt sind! Daher empfehlen Mediziner älteren Menschen, insbesondere auch bettlägerigen oder bewegungseingeschränkten, eine Nahrungsergänzung mit Vitamin D, um den Tagesbedarf von Älteren in Höhe von 15 µg sicher zu decken.

Vitamin D z.B. von Vitagamma, 100 Tabletten ca. 4,21 €, PZN 01486045; oder von Hexal, 100 Tabletten 2,61 €, PZN 11889910. Bedarf siehe Tabelle auf Seite 10.

Schützen Sie sich mit Vitamin E

Vitamin E schützt Ihre Körperzellen vor zellschädigenden, entzündungsfördernden und krebserregenden Molekülen. Es beugt zudem Herzerkrankungen vor und stärkt Ihre Nerven. Wer sich wenig bewegt, sich häufig von verarbeiteten Lebensmitteln oder weitgehend von Tiefkühlkost ernährt, kann in eine Unterversorgungssituation geraten. Das betrifft häufig Menschen im fortgeschrittenen Lebensalter. Erste Anzeichen sind Erschöpfungszustände, Antriebslosigkeit, Muskelschwäche und Blutarmut.

Vitamin E z.B. von Taxofit, 60 Kapseln ab 5, 71 €, PZN 04609040; oder von Optivit, 100 Kapseln ab 26,12 €, PZN 06649629. Bedarf siehe Tabelle auf Seite 10.

 **Mein Rat**

Nehmen Sie keine Vitamin-E-Präparate zu sich, ohne vorher Ihren Arzt gefragt zu haben: Vitamin E kann die Blutgerinnung verzögern bzw. bei Diabetes oder erhöhten Blutfettwerten die Aufnahme des für die Blutbildung wichtigen Eisens hemmen!

Sichern Sie Ihren Wasserhaushalt mit Natrium

Natrium reguliert unseren Wasserhaushalt und unser Säure-Basen-Gleichgewicht. Als Bestandteil des Kochsalzes ist es ein Mineralstoff, der vorwiegend im Überschuss und nur selten im Mangel vorhanden ist. Da Ältere jedoch oft das Trinken vergessen und meist zu wenig Kochsalz zu sich nehmen, kann der Körper leicht austrocknen. Auch bei Durchfall, Erbrechen und starkem Schwitzen kann Natrium ins Defizit geraten. Sicherstes Anzeichen einer Austrocknung ist es, wenn sich die Haut auf dem Handrücken ein Stück weit abheben lässt. Wie es um Ihre Natriumversorgung bestellt ist, kann Ihr Arzt durch eine Blutuntersuchung feststellen. Bedarf siehe Tabelle auf Seite 10.

Erhalten Sie starke Knochen mit Kalzium

Kalzium ist ein Hauptbestandteil unserer Knochen. Bei einer Unterversorgung wird es vom Stoffwechsel aus den Knochen wieder herausgelöst und kann so die Knochen schwächen, wodurch diese bei Belastung oder Sturz schneller brechen. Kalziummangel geht oft mit einer Vitamin-D-Unterversorgung einher, da Vitamin D die Kalzium-Aufnahme im Darm fördert. Auch Tabletten zur Säureregulierung des Magens können die Kalziumresorption herabsetzen. Das Kuratorium Knochengesundheit im badischen Sinsheim empfiehlt Senioren eine Tagesversorgung mit 1.500 mg.

Wenn Sie Bedenken haben, mit Ihrer Nahrung nicht genügend Kalzium zu sich zu nehmen, können Sie ein Kalzium- oder Multimineralpräparat einnehmen, z.B. von Sandoz, 100 Kautabletten ca. 11,18 €, PZN 02227825; oder Magnesium-Calcium von Ascopharm, 300 Tabletten ca. 5,17 €, PZN 10065354, 2x tägl. 2 Tabletten. Bedarf siehe Tabelle auf Seite 10.

Ernähren Sie sich gesund mit den richtigen Zutaten

In der Tabelle habe ich zu Ihrer Orientierung die empfehlenswerten Verzehrsmengen an Eiweiß, Mineralstoffen und Vitaminen zusammengestellt sowie jeweils solche Lebensmittel empfohlen, die besonders viel davon enthalten.

So sind Sie immer im grünen Bereich.

Ihr täglicher Nährstoffbedarf

Nährstoff Maßeinheit	Bedarf (über 65-Jährige)	Diese Nahrungsmittel enthalten besonders viel davon
Eiweiß g/kg Körpergewicht	1,0	Fleisch, Fisch, Krabben, Garnelen, Eier, Milch, Käse, Sojaprodukte
Natrium mg/Tag	2.000	Kochsalz, Salzhering, Salzgurken, Wurstwaren, Käse
Kalzium mg/Tag	800 bis 1.500	Käse, Sardinen, Grünkohl, Sojabohnen, Jogurt
Magnesium mg/Tag	350	Weizenkleie, Sonnenblumenkerne, Sojamehl, Reis, Gerste
Eisen mg/Tag	10	Leber, Hirse, Sojamehl, Linsen, Austern
Zink mg/Tag	15	Kalbsleber, Weizenvollkorn, Linsen, Erbsen
Jod µg/Tag	180	Krustentiere, Scholle, Seelachs, Kabeljau, Garnele, Thunfisch, Hering, Heilbutt
Vitamin A mg/Tag	1,0	Rinderleber, Eier, Milch, Karotten, Spinat
Vitamin C mg/Tag	75	Papaya, Brokkoli, Rosenkohl, Orange, Erdbeere
Vitamin D µg/Tag	5	Lachs, Thunfisch, Eier, Kalbsleber, Emmentaler
Vitamin E mg/Tag	12	Sonnenblumenkerne, Weizenkeime, Distelöl
Vitamin K µg/Tag	80	Spinat, Brokkoli, Grünkohl, Rinderleber
Vitamin B1 mg/Tag	1,3	Bierhefe, Kotelett, Schinken, Hafer, Sonnenblumenkerne
Vitamin B2 mg/Tag	1,7	Kalbsleber, Champignons, Hefe, Spinat, Jogurt
Vitamin B3 mg/Tag	18	Kalbsleber, Erdnüsse, Thunfisch, Huhn, Heilbutt
Vitamin B6 mg/Tag	1,8	Kalbsleber, Kartoffel, Banane, Linsen, Spinat
Vitamin B12 µg/Tag	3,0	Kalbsleber, Miesmuscheln, Lachs, Rindfleisch, Ei
Folsäure µg/Tag	300	Weizenkeime, rote Bohnen, Spinat, Brokkoli

Ihr Laborwerte-Befund –
(k)ein Buch mit sieben Siegeln

Der Ausdruck mit Ihren Laborwerten ist häufig so patientenunfreundlich, wie er nur sein kann. Dahinter steckt die antiquierte Denkweise, dass diese Werte nur das Labor und den Arzt etwas anzugehen haben. Wenn Ärzte- und Pharmalobby es wirklich ernst meinen mit dem viel zitierten „mündigen Patienten", sollte auch an dieser Stelle schleunigst ein Umdenken im Sinne von mehr Transparenz stattfinden. Es kann nicht angehen, dass Befunde „geheim" gehalten und nicht oder nur bei mehrfachem Nachfragen an den Patienten herausgegeben werden. Denn schließlich sind es Ihre persönlichen Werte und es geht dabei um Ihre Gesundheit. Hier ein aktuelles Original-Beispiel aus der Praxis, wie so ein Ausdruck heute oft noch aussieht:

Labor Meier & Co.
Ergebnis vom 27.03.2019

Name: **Klaus Müller**
geb. 07.11.1953

Leuko	4–9.4	6
ERY	4.2–6.3	5.1
Hkt	36–52	46
Chol	0–200	255*
...		
...		
usw.		

Nach dem Datum, an dem die Analyse durchgeführt wurde, folgen die Patientendaten, in diesem Fall der Name und der Geburtstag. Dann folgt in der linken Spalte eine Aufzählung der Parameter, die untersucht wurden. Hier beginnt bereits die Geheimniskrämerei: Denn die Abkürzungen sind zwar dem Arzt geläufig, nicht aber dem Patienten als medizinischem Laien. Alle Abkürzungen werden wir Ihnen im Folgenden erklären. In diesem Beispiel bedeuten Leuko = Leukozyten (weiße Blutzellen), ERY = Erythrozyten (rote Blutzellen), Hkt = Hämatokrit (Anteil der festen Blutbestandteile im Gesamtblut) und Chol = Cholesterin (das so genannte Blutfett).

Die zweite Spalte zeigt nicht etwa Ihre Laborwerte, sondern zunächst die laborspezifischen Normalwertbereiche der jeweiligen Parameter. Dezimalstellen werden in diesem Beispiel nicht wie hierzulande gewohnt mit einem Komma, sondern wie international üblich mit einem Punkt abgetrennt – auch das ist verwirrend. Doch dies setzt allem die Krone auf: Auf eine Angabe der jeweiligen Maßeinheiten wird großzügig verzichtet!

Erst in der dritten Spalte finden Sie Ihre Messwerte. Wenn Sie diese mit den Referenzbereichen vergleichen, werden Sie in diesem Beispiel nur beim Cholesterin ein außerhalb des Normalwertbereichs liegendes Ergebnis feststellen. Deshalb ist es mit einem Sternchen gekennzeichnet (manchmal auch mit einer Klammer oder durch einen andersfarbigen oder fetteren Druck), was beim Lesen ein schnelleres Auffinden abweichender Werte ermöglicht.

Das sollten Sie über die Maßeinheiten wissen

Die Maßeinheiten von Laborwerten geben häufig an, wie groß die gesuchte Stoffmenge ist, die im Vergleich zu einer bestimmten Menge des untersuchten Materials vorhanden ist. 5 mg/dl bedeutet beispielsweise, dass in einem Deziliter (= 0,1 Liter) des gemessenen Stoffes 5 mg des untersuchten Stoffes vorhanden sind.

> Die Dezimalfaktoren vor den Maßangaben g oder l bedeuten:
> d = dezi = Zehntel
> m = milli = Tausendstel
> µ = mikro = Millionstel
> n = nano = Milliardstel
> p = piko = Billionstel
> f = femto = Billiardstel

Anders als diese gewichtsbezogene Mengeneinheit gibt die international gebräuchlichere Einheit mol die Zahl der Teilchen an, die in einem Liter der gemessenen Flüssigkeit enthalten sind (etwa von einem Mineralstoff). Die dann übliche Maßeinheit lautet z.B. mol/l oder mmol/l (Millimol), oder auch mmol/mol. 1 mol entspricht 6×10 hoch 23 Molekülen.

Wichtig: Wenn Sie Werte z.B. aus verschiedenen Labors miteinander vergleichen, achten Sie immer darauf, in welchen Einheiten diese angegeben sind. Gegebenenfalls müssen Sie die Zahlen umrechnen, um sie vergleichen zu können. Die Umrechnung von mg/100 ml in mmol/l geschieht mittels Division durch 17,99; d.h., 140 mg/dl entsprechen beispielsweise 140 : 17,99 = 7,78 mmol/l.

Wieder andere Maßeinheiten beziehen sich auf die Aktivität von Stoffen (z.B. wie schnell ein Enzym eine bestimmte Substanz verändern kann). Hier spricht man von Einheiten pro Liter, oder U/l, wobei U für Unit = engl. Einheit steht. Ebenso ist die Bezeichnung IE für Internationale Einheit bzw. IU gebräuchlich.

> Vor den Mess- und Referenzwerten stehen nicht selten Größer-kleiner-Zeichen mit folgender Bedeutung:
> › bedeutet: größer als der danach folgende Wert
> ‹ bedeutet: kleiner als der danach folgende Wert
> ≥ bedeutet: größer als oder gleich dem danach folgenden Wert
> ≤ bedeutet: kleiner als oder gleich dem danach folgenden Wert.

Wenn ein Normalwertbereich beispielsweise angegeben ist mit ‹ 150 mg/dl bedeutet dies, dass alle Werte von 0 bis 149 mg/dl unauffällig sind. Erst Werte von 150 mg/dl und höher liegen außerhalb des Normalwertbereichs.

✓ Mein Insider-Tipp

Wenn gezielt ein bestimmter Stoff (z.B. ein Schwermetall bei einem Vergiftungsverdacht) im Blut gesucht wurde und das Labor-Ergebnis „negativ" lautet, bedeutet das nicht etwa, dass das Testergebnis zuungunsten des Patienten ausgefallen ist, sondern es bedeutet im Gegenteil, dass der Stoff nicht gefunden wurde, die Suche nach ihm also negativ verlaufen ist. Entsprechend bedeutet ein „positiver" Befund, dass der gesuchte Stoff nachgewiesen wurde.

Nehmen Sie Kohlenhydrate zu sich!

Kohlenhydrate sind in allen pflanzlichen Lebensmitteln enthalten, z.B. in Form von Stärke in Getreide, Getreideprodukten, Vollkorn-Müsliflocken, Kartoffeln, Gemüse und Obst. Aber auch als Zucker in Früchten, Süßgetränken, Kuchen und Gebäck. Achten Sie darauf, Kohlenhydrate mit genügend Ballaststoffen zu sich zu nehmen. Ballaststoffe stecken in allen Vollkornprodukten, wie Vollkornbrot, Vollkornnudeln, Vollkornreis, aber auch in Obst, Gemüse und

Hülsenfrüchten. Ballaststoffe sind unverdaulich. Sie sättigen, binden im Darm Wasser, regen die Darmbewegung (Peristaltik) und die Verdauung an. Zudem binden sie Giftstoffe, die dann besser aus dem Körper abtransportiert werden. Übrigens: Darüber, ob Ballaststoffe tatsächlich eine vorbeugende Wirkung auf Darmkrebserkrankungen haben, sind sich die Forscher nicht einig.

Wenn Sie Vollkornprodukte nicht vertragen, probieren Sie Brot aus feingemahlenem Vollkornmehl oder steigen Sie um auf leichter verträgliche Vollkorn-Speisen, z.B. Vollkorn-Breie, Hirsebrei, Knäckebrot oder Grahambrot.

⚠ Achtung: Zucker, Süßigkeiten und zuckerhaltige Getränke sollten Sie in Maßen verzehren. Wenn Ihnen der Sinn nach Kuchen steht, können Hefekuchen, Obstkuchen und Quarkkuchen gesündere Alternativen sein. Bananen oder Trockenfrüchte sind sehr gut geeignet, Ihren Appetit auf Süßes zu stillen.

Wie viele Kalorien benötigen Sie eigentlich?

Mit den Jahren sinkt unser Energiebedarf. Das hat zwei wesentliche Gründe: Zum einen sind wir körperlich meist nicht mehr so aktiv wie früher, zum anderen nimmt unsere Körpergröße geringfügig ab. Benötigt ein 25-Jähriger mit einem Körpergewicht von 75 kg noch rund 3.000 Kalorien pro Tag, so kommt ein 85-Jähriger gleichen Gewichts mit rund 2.000 aus. Wollen wir also unser Normalgewicht halten, müssen wir uns beim Essen ggf. etwas zurücknehmen. Wie viele Kalorien in welchem Lebensalter erforderlich sind, um weder zu- noch abzunehmen, zeigt die folgende Tabelle.

Es ist nicht egal, wo die Kalorien herkommen

Kalorien sind ein Maß für die Energie, die in unseren Lebensmitteln steckt, nämlich in Fett, Kohlenhydraten, Eiweiß und Alkohol. Wie diese kleine Übersicht zeigt, stecken die meisten Kalorien im Nahrungsfett:

- 1 Gramm Fett enthält 9,3 Kalorien.
- 1 Gramm Kohlenhydrate enthält 4,1 Kalorien.
- 1 Gramm Eiweiß enthält ebenfalls 4,1 Kalorien.

Wenn Sie also abnehmen wollen, gelingt das meist am besten mit dem Verzicht auf Fett in der Nahrung – und alkoholische Getränke. 1 Gramm Alkohol enthält immerhin 7,1 Kalorien!

Merken Sie sich als Richtlinie: Um Ihr Gewicht zu halten, sollten Sie pro Tag nicht mehr als 0,8 g Fett pro Kilo Körpergewicht zu sich nehmen. Wenn Sie beispielsweise 75 kg wiegen, sind (75 x 0,8 =) 60 g Fett pro Tag erlaubt, wenn Sie weder zu- noch abnehmen möchten.

Was darf's denn sein? – Kalorientabelle für Senioren

Männer – tägl. Kalorienbedarf in kcal				Frauen – tägl. Kalorienbedarf in kcal			
Normal-gewicht in kg	Alter 65 Jahre	75 Jahre	85 Jahre	Normal-gewicht in kg	Alter 65 Jahre	75 Jahre	85 Jahre
55	1.850	1.600	1.500	40	1.200	1.080	1.020
65	2.100	1.900	1.790	50	1.450	1.300	1.220
75	2.300	2.070	1.950	60	1.650	1.490	1.400
85	2.550	2.300	2.160	70	1.850	1.670	1.570

Quellen: Food and Nutrition Board, National Academy of Sciences, Washington D.C./USA; Redaktion BENEFIT

5 Ernährungsmythen, denen Sie keinen Glauben schenken sollten

Sich richtig zu ernähren, muss nicht kompliziert sein. Inzwischen wissen die meisten, dass beispielsweise Gemüse, Vollkorn und gesunde Fette unverzichtbar sind. Doch es existieren viele Ernährungsmythen, die dazu beitragen, dass gesunde Nahrungsmittel nicht verzehrt werden. Damit ist jetzt Schluss, denn ich zeige Ihnen die 5 verbreitetsten Mythen und gebe Ihnen Tipps, was Sie dabei jeweils beachten sollten. Die folgenden Tatsachen werden Sie überraschen!

Welche Ernährungsmythen im Umlauf sind, und wie viel Wahrheit tatsächlich in ihnen steckt, habe ich für Sie recherchiert. Unterstützung bekam ich dabei von Dr. Mark Hyman, Ernährungsexperte und Leiter einer Klinik in Ohio.

Mythos Nr. 1: Fleisch vom Huhn ist stets die bessere Wahl als Rindfleisch

„Moderne" Hühner werden mit einem Standardfutter aus Getreide, Mais und Soja aufgepäppelt. Das lässt sie zwar schneller wachsen, doch ihr Fleisch enthält weniger entzündungshemmende Omega-3-Fettsäuren und mehr entzündungsfördernde Omega-6-Fettsäuren. Zudem stecken darin weniger Vitamine und Mineralstoffe, dafür aber häufig Antibiotika und Arsen.

Rindfleisch enthält zwar etwas mehr gesättigtes Fett als Hühnerfleisch, aber 17 große Studien konnten keinen Zusammenhang zwischen gesättigtem Fett und Herzkrankheiten finden. Also: Ein Rindersteak aus Weidehaltung ist auf jeden Fall nahrhafter als die typische Hähnchenbrust aus dem Supermarkt.

 Was Sie tun können: Entscheiden Sie sich für „100% biologisches" Hähnchenfleisch. Wenn Sie das nicht bekommen, nehmen Sie „Antibiotika-freies" Hähnchenfleisch, das ist zwar besser als herkömmliches, aber eben nicht optimal.

Mythos Nr. 2: Sojaprodukte sind Gesundheitskost

In Wahrheit gehören viele Lebensmittel, die Soja enthalten, zu den weniger gesunden in unserer Ernährung. Der größte Übeltäter ist das Sojaöl. Da preiswert in der Herstellung, findet es sich in den meisten verarbeiteten und abgepackten Lebensmitteln und reichert sie unnötigerweise mit entzündungsfördernden Omega-6-Fettsäuren an. 95 % des Sojafetts bestehen daraus!

Was Sie tun können: Vermeiden Sie unbedingt Energie- und Eiweißriegel, Burger und Shakes, bei denen „Sojaproteinisolat" als Inhaltsstoff ausgewiesen ist. Diese Substanz wurde in verschiedenen Studien mit Allergien, Krebs und Demenz in Verbindung gebracht. Als unbedenklich gelten hingegen: fermentiertes Tempeh oder einfaches Bio-Tofu sowie gedämpftes Edamame.

Mythos Nr. 3: Leber ist mit Vorsicht zu genießen,

… heißt es, denn Leber enthält jede Menge Cholesterin. Die Forschung zeigt jedoch, dass der Verzehr von Cholesterin unseren Blut-Cholesterinspiegel nicht signifikant erhöht (gilt auch fürs Hühnerei). Leber ist zudem viel nährstoffreicher als Muskelfleisch.

Was Sie tun können: Bevorzugen Sie Leber von weniger mit Schadstoffen belasteten Jungtieren, am besten Kalb statt Rind, oder aber Geflügelleber. Achten Sie darauf, dass Sie Leber von Tieren aus Freilandhaltung bekommen. Probieren Sie auch anderes Organfleisch wie Herz, Nieren oder Bries.

Mythos Nr. 4: Gemüse ist langweilig

Dieses Vorurteil mag auf weiße Kartoffeln und Kopfsalat zutreffen, doch den meisten Gemüsen tun Sie damit Unrecht. Idealerweise sollte die Hälfte Ihres Tellers mit verschiedenen bunten Gemüsen gefüllt sein. Doch vor allem Männer tun sich damit schwer.

Was Sie tun können: Das Zauberwort heißt Abwechslung. Probieren Sie immer mal wieder eine wenig bekannte Gemüseart aus.
Die Auswahl ist groß: Pastinaken, Portulak, Gemüsefenchel, Bleichsellerie, Mungbohnen, Mangold, violette Möhren, Zuckererbse, Salatrauke, Teltower Rübchen, Süßkartoffel oder Pak Choi.

Mythos Nr. 5: Frisches Obst ist stets das beste Obst

Tatsächlich können Früchte, die im optimalen Reifezustand geerntet und tiefgefroren wurden, nach dem Auftauen nahrhafter und gesünder sein als Obst, das im unreifen Zustand geerntet, um die halbe Welt transportiert und währenddessen künstlich gereift wurde.

Was Sie tun können: Kaufen Sie frisches Obst aus der Region, idealerweise Saison- und Freilandware. Außerhalb der Saison bietet sich Tiefkühlkost an, achten Sie auch dabei auf Bio-Ware.

Verbrennungen: So leisten Sie professionelle Ersthilfe

Mit der Kühlung der Wunden unter fließendem Wasser können Sie nichts falsch machen

Schwere Verbrennungen etwa infolge eines Unfalls bzw. einer Explosion oder durch Einschlafen beim Sonnenbaden haben nicht nur verheerende Folgen für die unmittelbar betroffenen Hautpartien, sondern wirken sich auf den gesamten Organismus aus, z. B. durch den Flüssigkeitsverlust (Schockgefahr!), eventuell auftretende Atemstörungen oder Wundinfektionen. Wenn nur 15 % (bei Kindern 10 %) der Hautoberfläche Verbrennungen ersten und zweiten Grades erlitten haben, ist eine Verbrennung lebensbedrohlich!

Wenngleich Brandwunden immer in die Obhut von medizinischen Spezialisten gehören, können Sie dennoch einiges tun, um dem Brandopfer zu helfen, bis der Rettungsdienst anrückt.

So leisten Sie Erste Hilfe, bis der Notarzt eintrifft:

■ Rufen Sie den Notarzt an.

■ Wenn Sie eine brennende Person vor sich haben: Verhindern Sie, dass sie fortläuft. Instinktiv versuchen die Betroffenen, vor den Flammen davonzurennen. Doch der dabei entstehende Luftzug facht die Flammen nur weiter an und verschlimmert die Verbrennungen! Werfen Sie das Brandopfer notfalls zu Boden, und ersticken Sie die Flammen mit einer Decke oder einem größeren Kleidungsstück (keine Synthetik-Fasern, da sie schmelzen und in die Haut einbrennen würden!) bzw. durch Herumwälzen der Person auf dem Boden.

■ Steht Ihnen ein Feuerlöscher zur Verfügung: Den Löschstrahl von unten nach oben auf die Person richten, Mund, Nase und Augen dabei möglichst verschonen.

■ Sind die Flammen gelöscht, die verbrannten Körperteile in (möglichst fließendes) Wasser halten, und zwar so lange, bis die Schmerzen nachgelassen haben (mindestens 15 Minuten). Mit der Wasserkühlung der Brandwunden können Sie prinzipiell nichts falsch machen, sofern der Verletzte nicht unterkühlt wird und Sie ihn nicht komplett in kaltes Wasser tauchen.

■ Brandwunden nicht berühren!

■ Hausmittel wie Öl oder Mehl sowie das Säubern der Wunden sind strikt verboten!

■ Wenn vorhanden, ein steriles Brandwunden-Verbandtuch auf die Wunden legen.

- Gesicht nicht mit Verbänden abdecken, da dies erfahrungsgemäß die Psyche des Patienten stark belastet.

- Dinge, die in die Brandwunde eingeschmolzen sind (Bekleidung, Armbänder, Schmuck), dürfen Sie auf keinen Fall entfernen!

- Bei Bewusstlosigkeit stabile Seitenlage arrangieren.

- Bei Atemstillstand Atemspende geben.

- Falls vorhanden, eine Rettungsdecke (z. B. aus dem Autoverbandskasten) um den Betroffenen legen, damit er nicht auskühlt. Dabei keinen Druck auf die Wunden ausüben!

Sanft, aber gut: Die 4 besten natürlichen Schmerzmittel für Sie auf einen Blick

Es muss nicht immer die Schmerztablette vom Apotheker sein: Schmerzbekämpfung funktioniert auch auf natürliche Weise. Wir haben die besten Schmerzkiller aus dem Garten der Natur für Sie aufgespürt.

Weihrauch (Boswellia serrata)

Gehört zu Indiens ayurvedischer Heiltradition. Die wirksame Substanz (Boswelliasäuren) wird aus dem milchigen Harz eines in Indien, Nordafrika und dem Nahen Osten vorkommenden Baums gewonnen, der zu den Balsambaumgewächsen zählt. Boswelliasäuren hemmen die schmerzerzeugenden Entzündungsvorgänge im Körper.

 Anwendungsempfehlungen

Nehmen Sie 750 mg eines standardisierten Extrakts mit 60 bis 65 % Boswelliasäure zwei- bis dreimal täglich ein.
Boswellia serrata von Aalborg Pharma, 120 Kapseln à 400 mg, ab 16,55 €, PZN 08538957; oder von Nutritheke, 120 Kapseln à 400 mg ab 22,52 €, PZN 03081393; oder von Solgar, Boswellia serrata, 60 Kapseln à 350 mg ab 24,73 €, via www.amazon.de.

Curcumin (Diferuloylmethan)

Ist der Bestandteil des Kurkumas, der dem Gewürz seine charakteristische gelbe Färbung verleiht. In einer Studie an Arthritis-Patienten linderten 1.200 mg Curcumin-Extrakt täglich die Morgensteifigkeit ebenso wie die Gelenkschwellungen. Hinweis: Nicht anwenden, wenn Sie ein gerinnungshemmendes Medikament („Blutverdünner") einnehmen müssen oder unter Gallensteinen leiden.

 Anwendungsempfehlungen

Nehmen Sie 500 mg eines standardisierten Kurkuma-Extrakts (mit 90 bis 95 % Curcumin) dreimal täglich ein.
Kurkuma von Nu3 GmbH, 200 Kapseln à 450 mg, ab 15,75 €, PZN 11110186; oder von Lutor, 120 Kapseln à 400 mg, ab 17,80 €, PZN 13837828; oder von Dr. Wolz Zell GmbH, 90 Kapseln à 330 mg ab 22,03 €, PZN 10793390.

Teufelskralle (Harpagophytum procumbens)

Hat ihren Namen vom Aussehen der Früchte, die einer Raubtierkralle ähneln. Der Strauch kommt im südlichen Afrika vor. Der Extrakt blockiert die Wirkung von schmerzfördernden Substanzen im Körper – ohne den Verdauungstrakt in Mitleidenschaft zu ziehen. In Studien mit Rückenschmerz-Patienten erwies sich Teufelskrallen-Extrakt als ebenso wirksam wie verschreibungspflichtige Schmerzmittel.

 Anwendungsempfehlungen

Teufelskrallen-Extrakt erhalten Sie in Kapselform. Achten Sie darauf, dass das Mittel mindestens 1,5 bis 2 % des wertbestimmenden Wirkstoffs Harpagosid enthält. Nehmen Sie dreimal täglich 1.000 mg ein.
Z.B. Bio-Teufelskralle, 220 Kapseln à 330 mg von gph Diffusion, via www.amazon.de; oder von mylan dura, Teufelskralle dura, 100 Tabl. à 480 mg Trockenextrakt ab 13,24 €, PZN 10550138.

Weidenrinde (Salix alba, Salix purpurea)

Der einheimische Baum ist seit Jahrhunderten für die schmerzlindernden Eigenschaften seiner Rinde bekannt. Sein Wirkstoff ist das Salicin, das der Körper in Salicylsäure umwandelt, eine enge Verwandte der Acetylsalicylsäure, dem Aspirin-Wirkstoff. Im Gegensatz zur Acetylsalicylsäure scheint Weidenrinden-Extrakt nicht die Magenschleimhäute anzugreifen. Hinweis: Nicht anwenden, wenn Sie ein gerinnungshemmendes Medikament („Blutverdünner") einnehmen müssen.

 ### Anwendungsempfehlungen

Nehmen Sie täglich 200 mg Weidenrinden-Extrakt ein. Sollte die Dosis nicht ausreichen, um den Schmerz zu lindern, versuchen Sie es mit der doppelten Dosis pro Tag.

Weidenrinden-Extrakt von Vita ideal, 180 Kapseln à 310 mg ab 17,90 €, oder von Natura vitalis, 120 Kapseln à 200 mg ab 20,67 €. Beides via www.amazon.de. Oder von Nature Power, 100 Kapseln à 480 mg ab 24,90 €, www.naturepower.de, Tel. 0800-00 11 11 25 (Versand aus Großbritannien).

Fantastisch: So machen Sie Ihr Gehirn um 20 Jahre jünger!

Aus den Medien erfahren Sie immer wieder unterschiedliche und sogar widersprüchliche Informationen, wie Sie Ihr Gehirn „verjüngen" können. Einmal heißt es, spezielle Software für Gehirntraining am Computer sei am besten geeignet. Ein andermal ist die Rede davon, dass vor allem körperliche Betätigung wie Tischtennisspielen oder Tanzen unserem Gehirn wieder neue Power verleihen könne. Was stimmt wirklich?

Um herauszufinden, welche Maßnahmen tatsächlich den größten Effekt auf unsere grauen Zellen haben, führte die Universität Texas eine bahnbrechende Studie durch. Was dabei herauskam, welche Tätigkeiten unserem Denkapparat am besten nutzen und wie Sie von diesen Erkenntnissen ohne großen Zeit- und null Kostenaufwand profitieren können, erfuhr ich von den Initiatorinnen und Leiterinnen dieser Studie, Dr. Sandra Bond Chapman und Professorin Dee Wyly.

Für die 12-wöchige Studie wurden 58 Personen im Alter zwischen 56 und 75 Jahren nach dem Zufallsprinzip in drei Gruppen aufgeteilt:

Gruppe 1 musste unter Anleitung gezielt Gehirntrainings-Übungen absolvieren, die die geistige Leistungsfähigkeit fördern und verbessern sollten.

Gruppe 2 absolvierte wöchentlich jeweils drei 60-minütige körperliche Trainingseinheiten, abwechselnd auf einem Laufband und einem Heimtrainer.

Gruppe 3 diente als Kontrollgruppe und setzte ihr Leben wie bisher fort.

Mithilfe der Magnetresonanztomographie (MRT) haben die Forscher regelmäßig gemessen, wie gut sich die Neuronen im Gehirn vernetzten, wie sich der Blutfluss im Gehirn entwickelte und wie viel Energie (in Form von Glukose) das Gehirn zu Beginn und am Ende der Studie verbraucht hatte – als Indikator für die Qualität der Hirnfunktionen.

Erstaunliche Effekte in nur 12 Wochen

Resultat: Nur die Teilnehmer der Gruppe 1 zeigten wesentliche Verbesserungen. Die Messungen ergaben, dass sie die Leistungsfähigkeit ihres Gehirns so gesteigert hatten, dass ihre grauen Zellen nun wie die von 20 Jahre jüngeren Menschen funktionierten! Sie verbesserten ihre Fähigkeit, kreativ zu denken und komplexe Herausforderungen zu bewältigen.

Mit diesen drei Übungen können auch Sie Ihre Gehirnfunktion in kürzester Zeit verbessern!

Wichtig: Damit dieses Gehirntraining funktioniert, müssen Sie es regelmäßig durchführen.

1. Übung: Trainieren Sie Ihre strategische Aufmerksamkeit

Suchen Sie sich täglich zwei Aufgaben, die ernsthaftes und tiefes Nachdenken erfordern. Beispiele: die Vor- und Nachteile einer geplanten größeren Anschaffung, das Aufsetzen eines bedeutungsvollen und persönlichen Schreibens (z.B. Dankesbrief, Reklamation, Festrede, Testament) oder die Analyse Ihres Haushaltsbudgets.

 Trainingseffekt: Im Laufe der Zeit werden Sie feststellen, dass Sie Aufgaben schneller und konzentrierter erledigen können.

2. Übung: Fünfmal fünf

Das bedeutet: fünfmal am Tag je fünf Minuten nichts zu tun. Sie können spazieren gehen oder stillsitzen, aber lesen Sie nicht, und hören Sie keine Musik. Genießen Sie ganz die Stille und das Fehlen von Reizen.

 Trainingseffekt: Erholungspausen für Ihr Gehirn helfen Ihnen, runterzukommen, Klarheit zu erlangen, Ihre Gedanken zu sammeln und Dinge auf eine neue Art zu betrachten.

3. Übung: Innovatives Denken

Auch wenn es unwahrscheinlich klingen mag: Innovatives Denken kann man lernen! Der Trick besteht darin, sich von gewohnten Denkweisen zu befreien. Aha-Momente des Gehirns treten normalerweise dann auf, wenn Ihr Gehirn kurzfristig unterfordert ist, wenn Sie z.B. unter der Dusche stehen oder während eines Spaziergangs. Nehmen

Sie sich fest vor, jeden Tag mindestens einen innovativen Gedanken zu entwickeln. Sobald Sie erkennen, dass Sie einen besseren Weg sehen, etwas zu tun oder zu sagen, schreiben Sie es auf und setzen Sie es in die Praxis um. Die stärksten Veränderungen des Gehirns sind mit der Umsetzung der eigenen innovativen Ideen verbunden – es reicht nicht aus, sie nur zu denken!

 Trainingseffekt: Innovatives Denken hilft Ihnen, Ihre Angst vor dem Scheitern und die Angst vor dem Unbekannten zu reduzieren – das Erlebnis einer neuen Erfahrung motiviert Ihre grauen Zellen zusätzlich.

7 bislang unterschätzte Lebensmittel, die Ihre Abwehrkräfte ankurbeln!

Als BENEFIT-Leser wissen Sie, dass bestimmte Lebensmittel Ihre Abwehrkräfte aktivieren und Sie vor Krankheiten schützen; beispielsweise Nüsse, Hülsenfrüchte, dunkle Beeren, Brokkoli, Knoblauch und Zitrusfrüchte. Heute stelle ich Ihnen 7 Nahrungsmittel vor, die ebenso wirksam, aber in diesem Zusammenhang kaum bekannt sind.

Jemand, der sich auf diesem Gebiet auskennt, ist Dr. William Li, Arzt, Gefäßspezialist und Buchautor aus Cambridge, Massachusetts. Von ihm erfuhr ich die folgenden überraschenden Tipps für eine gesunde Ernährung.

1. Lila Kartoffeln

auch Vitelotten oder blaue französische Trüffelkartoffeln genannt, gibt es inzwischen vielerorts auf Märkten und in Restaurants. Forscher an der Penn State University wiesen im Tierversuch nach, dass die darin enthaltenen Anthocyane Darmkrebsstammzellen abtöten und die Zahl der Tumoren verringern können.

 Mein Rat: Setzen Sie lila Kartoffeln mindestens einmal im Monat auf Ihren Speiseplan.

2. Mangos

enthalten die bioaktive Substanz Mangiferin. Sie verbessert die Blutzuckerkontrolle und kann chinesischen Studien zufolge die Bildung von Tumoren unterbinden.

 Mein Rat: Wenn Sie keine frischen Mangos finden, sind gefrorene ebenso wirksam.

3. Hähnchenschenkel

enthalten Menachinon, auch Vitamin K2 genannt. Diese Verbindung reguliert unsere Angiogenese. Das ist der Prozess, der das Wachstum der Blutgefäße steuert und reguliert. Ein gut eingestelltes System kann verhindern, dass Tumoren mit Blut versorgt werden, das sie zum Wachstum benötigen. US-amerikanische und japanische Studien haben gezeigt, dass Vitamin K2 Prostatakrebs und Darmkrebszellen direkt angreifen kann.

 Mein Rat: Entfernen Sie das Fett vor dem Kochen.

4. Sauerteigbrot

wird durch die Substanz, die ihm den mild-sauren Geschmack verleiht, erst so richtig gesund. Denn das Bakterium Lactobazillus reuteri verbessert Ihre Immunität, unterdrückt die Tumorentwicklung, beschleunigt die Wundheilung und kann sogar das Wohlfühlhormon Oxytocin im Gehirn freisetzen.

 Mein Rat: Fragen Sie beim Bäcker ausdrücklich nach „richtigem" Sauerteigbrot, das mit dem Sauerteig-Starter Lactobazillus reuteri hergestellt worden ist. Manche Brote heißen zwar so, sind aber lediglich entsprechend gewürzt.

5. Gouda-Käse

enthält wie der Hühnerschenkel viel Vitamin K2. Die Heidelberger EPIC-Studie fand heraus, dass der Verzehr von ein bis drei Scheiben Hartkäse pro Tag das Risiko für Lungenkrebs um 62 % verringerte. Zwei Scheiben pro Tag senkten die Wahrscheinlichkeit von Prostatakrebs um 35 %.

 Mein Rat: Käse enthält gesättigte Fettsäuren und reichlich Natrium, daher in Maßen verzehren.

6. Kiwi-Früchte

beeinflussen die Darmflora positiv, indem sie das Wachstum der gesunden Darmbakterien beschleunigen. Dadurch verbessert sich auch das gesamte körpereigene Abwehrsystem. Schottische Wissenschaftler stellten fest, dass Kiwis Schäden an unserer Erbsubstanz verhindern und sogar reparieren können.

 Mein Rat: Essen Sie täglich eine Kiwi, es gibt sie auch als Konserve.

7. Traubensaft

ist nach Studien der Universität Florida nicht nur gut fürs Herz, sondern er stärkt auch das Immunsystem: Wer über neun Wochen täglich 0,3 Liter Traubensaft trinkt, erhöht damit signifikant die Konzentration wichtiger Abwehrzellen im Blut.

Der „Brokkoli-Trick" für eine gesunde Prostata und eine starke Potenz

Pflanzeninhaltsstoffe wie Antioxidantien halten entzündungsauslösende, so genannte freie Radikale in Schach. **Antioxidantien** sind z.B. Vitamine (besonders wirkungsvoll: C und E) und Carotinoide, auch als Vorstufe von Vitamin A bekannt. Ihre Schutzwirkungen entfalten sie vor allem gegen Lungen- und Prostatakrebs, aber auch gegen Brust-, Gebärmutterhals-, Magen-, Speiseröhren- und Darmkrebs. Darüber hinaus gibt es eine Vielzahl weiterer sekundärer Pflanzeninhaltsstoffe.

Essen Sie pro Tag drei bis fünf Portionen Obst und Gemüse. Das hört sich komplizierter an, als es ist: Gemüse als Beilage zum Mittagessen, ein Apfel und eine Banane, ein Glas Orangensaft und nachmittags etwas Rohkost, schon stimmt Ihre Versorgung mit Antioxidantien. Carotinoide sind vor allem in frischem Obst und Gemüse mit gelber oder oranger Farbe, aber auch in Brokkoli, Kohl, Spinat und frischen Kräutern enthalten.

Vor allem Brokkoli enthält viele Antioxidantien. Ihre tägliche Nahrung enthält die Antioxidantien normalerweise in ausreichender Menge. Doch was davon noch auf den Teller kommt, hängt weitgehend von der Zubereitung ab. Bei der Zubereitung in der Mikrowelle gehen bis zu 85 Prozent der Antioxidantien verloren. Garen Sie das Gemüse jedoch schonend in Wasserdampf, bleiben 94 Prozent dieser Schutzstoffe erhalten. Das fanden Wissenschaftler der spanischen Espinardo-Universität heraus. Cristina Garcia-Viguera: „Die meisten der schützenden Inhaltsstoffe werden vom Gemüse ins Kochwasser abgegeben. Die Menge des Wassers sollte daher so gering wie möglich sein."

 Mein Insider-Tipp

So dämpfen Sie auch ohne Dämpfeinsatz: Stellen Sie eine Tasse umgedreht in einen flachen Topf und legen darauf einen Teller mit dem Brokkoli. Geben Sie so viel Wasser in den Topf, dass die Tasse nicht hoch schwimmt. Setzen Sie den Deckel auf den Topf und dämpfen Sie das Gemüse in der gewünschten Dauer.

Falls Ihnen der Brokkoli-Trick nicht reicht, können Sie mit den folgenden Tricks Ihren Prostatabeschwerden vorbeugen

Vermeiden Sie tierische Fette. Prostata-Erkrankungen kommen im asiatischen Raum wesentlich seltener vor als hierzulande. Die Ernährung dort ist arm an tierischen Fetten sowie reich an Früchten und Gemüse. In einer italienischen Studie wurde ein direkter Zusammenhang zwischen dem Verzehr tierischer (gesättigter) Fette und dem Auftreten von Prostata-Karzinomen festgestellt.

Pflanzliche Fette hatten in der links erwähnten Studie keinen bzw. einen mindernden Einfluss auf das Erkrankungsrisiko. Ungesättigte Fette und Öle aus Fischen zeigten sogar einen schützenden Effekt. Ungesättigte Fette sind in kaltgepressten Ölen und Fischen enthalten.

■ **Obst, Gemüse und Vollkornprodukte** enthalten nicht nur viele Vitamine und Mineralstoffe, sondern auch pflanzliche Hormone, sog. Phyto-Östrogene (Flavonoide). Diese wirken als Gegenspieler zum männlichen Sexualhormon Testosteron, welches das Prostata-Wachstum beschleunigt.

Phyto-Östrogene finden sich in Getreide, Früchten und Gemüse, speziell in Äpfeln und Zwiebeln, und darüber hinaus in Samen (Leinsamen), Hopfen, Salbei, Tees, Wein und Sojabohnen sowie allen daraus hergestellten Produkten (z.B. Tofu).

■ **Selen** neutralisiert freie Radikale. In den USA läuft derzeit eine Langzeitstudie, die u.a. den Effekt von Selen auf das Auftreten von Krebserkrankungen näher untersuchen soll. Selen ist in der Krebsheilkunde als wichtiger Radikalenfänger bekannt und wird als komplementäre Maßnahme zur Strahlen- und Chemotherapie eingesetzt.

Selen ist als Nahrungsergänzungsmittel erhältlich. Experimentieren Sie jedoch nicht selbst damit, sondern sprechen Sie die Art des Präparats sowie die Dosis unbedingt mit Ihrem Arzt ab. Selen wirkt in hoher Dosierung giftig. Es kommt natürlich in Hering, Thunfisch, Sardinen, Kalbsleber, Sojabohnen und Weizenvollkornprodukten vor.

■ Seien Sie zurückhaltend bei **Gegrilltem** und **Gepökeltem**. Nach dem Verzehr von Gepökeltem bilden sich im Magen Nitrosamine, die als krebsfördernd gelten. Beim Grillen entstehen ebenfalls Karzinogene, nämlich dann, wenn Fett in die Glut tropft.

Ernähren Sie sich stets ausgewogen, dann sind auch Wurst und Fleisch kein Problem. Beim Grillen können Alu-Schalen oder ein Grill mit seitlich angeordnetem Glutbett den Effekt mindern. Ziehen Sie Geflügelfleisch rotem Fleisch vor. Ein- bis zweimal pro Woche sollten Sie Fisch auf Ihren Speiseplan setzen.

■ Wer keinen **Fisch** isst, besitzt ein zwei- bis dreimal höheres Risiko, an Prostatakrebs zu erkranken. Für diesen Effekt sind vor allem die dann fehlenden Omega-3-Fettsäuren verantwortlich.

Setzen Sie Fisch regelmäßig auf Ihren Speiseplan. Wenn Sie keinen Fisch mögen, helfen auch Fischöl-Kapseln (z.B. von Abtei, 30 Stück à 1.000 mg ca. 5 €).

Beers-Liste

Gefährliche Medikamente für Menschen ab 60!

Arzneigruppe	Genannte Arzneistoffe	Erhöhte Gefahr bei älteren Patienten, mögliche Folgen
Antiarrhythmika (gegen Herzrhythmusstörungen)	Amiodaron (z.B. Cordarex)	Herzrhythmusstörungen, ungewisse Wirksamkeit
Antibiotika	Nitrofurantoin (z.B. Furadantin)	Niereninsuffizienz
Antidementiva (gegen den Abbau der geistigen Leistungsfähigkeit)	Dihydroergotoxin (z.B. Hydergin)	kein Wirksamkeitsnachweis
	Cyclandelat (Natil)	unwirksam
Antidepressiva	Fluoxetin (z.B. Fluctin)	exzessive Stimulation des Zentralen Nervensystems, Schlafstörungen, ruheloses Getriebensein
Antihistaminika (bei allergischen Reaktionen)	Diphenhydramin (z.B. Emesan), auch zusammen mit Chlortheophyllin; *dieser Arzneistoff ist auch in frei verkäuflichen Schlaf- und Hustenmitteln enthalten!*	Verwirrtheitszustände, (verstärkte) Sedierung
Antihypertonika (gegen Bluthochdruck)	Reserpin über 0,25 mg (Kombinationen)	Depression
	Doxazosin (z.B. Cardular)	Blutdruckabfall, Mundtrockenheit, Miktionsstörungen
	Clonidin (z.B. Catapresan)	Schwindelanfälle beim Aufstehen, Nervenstörungen, Mundtrockenheit
	Nifedipin, kurzwirkend (z.B. Adalat)	Blutdruckabfall, Angina Pectoris
Benzodiazepine, lang wirkend (gegen Übererregbarkeit)	Chlordiazepoxid (z.B. Librium)	extrem verlängerte Halbwertzeit über Tage, hohe Sturzgefahr
	Diazepam (z.B. Valium)	
	Flurazepam (z.B. Dalmadorm)	

Arzneigruppe	Genannte Arzneistoffe	Erhöhte Gefahr bei älteren Patienten, mögliche Folgen
Benzodiazepine, kurz bis mittellang wirkend (gegen Übererregbarkeit)	Lorazepam (z.B. Tavor) Oxazepam (z.B. Adumbran) Triazolam (Halcion) bei längerer Anwendung	Überempfindlichkeit gegen Benzodiazepine
H2-Blocker (gegen Magensäure-überproduktion)	Cimetidin (z.B. Tagamet) *frei verkäufliche Präparate*	Nervenstörungen, häufiger Verwirrtheitszustände
Herzglykoside (gegen Herzschwäche)	Digoxin	Toxizität wegen verminderter Ausscheidung durch die Niere
Laxantien, länger angewandt (gegen Verstopfung)	z.B. Bisacodyl (Dulcolax) *frei verkäufliche Präparate*	Darmfunktionsstörungen
NSAID (nichtsteroidale Antiphlogistika) (gegen Entzündungen und Schmerzen)	alle NSAID mit längerer Halbwertzeit (wie Naproxen, Piroxicam) und bei längerer Einnahme	Blutungen im Verdauungstrakt, Nieren-Insuffizienz, Hochdruck, Herzinsuffizienz
	Indometacin (Amuno)	höchste Rate an Nervenstörungen
Neuroleptika (gegen Angstzustände)	Promethazin (z.B. Atosil)	starke anticholinerge Nebenwirkungen, d.h. Mundtrockenheit, Probleme beim Harnlassen, Seh- und Verdauungsstörungen
Östrogene (oral)	z.B. Monopräparate zur Hormontherapie in der Menopause	krebserregendes Potenzial, Herz-Kreislauf-Schädigungen
Spasmolytika (wirken krampflösend)	Butylscopolamin (z.B. Buscopan)	starke anticholinerge Nebenwirkungen, d.h. Mundtrockenheit, Probleme beim Harnlassen, Seh- und Verdauungsstörungen
Thrombozyten-aggregationshemmer (zur Vermeidung von Blutgerinnsel-bildung)	Ticlodipin (z.B. Tiklyd)	Toxizität, Verminderung der weißen Blutkörperchen, Fieber, Haut- und Schleimhautveränderungen

So beugen Sie diesen 8 gefährlichsten Nebenwirkungen eines Krankenhaus-aufenthalts vor!

Niemand mag Krankenhäuser. Dennoch sind wir manchmal alternativlos auf sie angewiesen, um wieder gesund zu werden. Doch Vorsicht: Jeder dritte über 70-Jährige ist bei seiner Entlassung zwar von seiner ursprünglichen Erkrankung geheilt, jedoch in schlechterer gesundheitlicher Verfassung als zuvor! Das mag unglaublich klingen, ist aber bittere Realität. Was Sie zu Ihrem Selbstschutz tun können, erfahren Sie hier.

Die Ursache, wegen der Sie ins Krankenhaus kamen, mag behoben sein, doch dafür haben Sie sich ein anderes Gesundheitsproblem zugezogen, sozusagen eine „krankenhausbedingte Erkrankung". Ein Phänomen, das immer mehr Patienten betrifft!

Doch Sie können sich selbst oder einen kranken Angehörigen vor einem solchen oft lebensbedrohenden Teufelskreis bewahren, indem Sie vor und während des Krankenhausaufenthalts ein paar äußerst wirksame Maßnahmen zum Schutz Ihrer Gesundheit treffen. Welche das sind, erfuhr ich von Professorin Elizabeth Eckstrom, Leiterin der Geriatrie-Abteilung in der Universitätsklinik Portland.

1. Beginnen Sie stark

Und das ist durchaus wörtlich gemeint. Beim Altern verlieren wir Muskelmasse und unsere Lungen und Herzen arbeiten weniger effizient. Aber das ist kein unabwendbares Schicksal. Regelmäßige körperliche Bewegung, z.B. Ausdauertraining (Joggen, Schwimmen, Radfahren) und/oder Krafttraining (Hanteln, Training mit dem eigenen Körper-

 Prehabilitation

Für diese Art der Vorbereitung auf einen Krankenhausaufenthalt gibt es sogar einen Fachausdruck: Prehabilitation. In manchen Krankenhäusern hat man deren Bedeutung bereits erkannt: Mit individuellen Bewegungs- und Sporttherapien vor der OP werden die physischen und psychischen Voraussetzungen für einen möglichst komplikationslosen Verlauf des Eingriffs geschaffen, die Regeneration gefördert und die Lebensqualität der Patienten verbessert. Prehabilitation wird derzeit vor allem bei orthopädischen Eingriffen sowie bei Herz- und Bauchraum-OPs eingesetzt, neuerdings auch bei Tumorpatienten. Fragen Sie vor einem Krankenhausaufenthalt danach, ob dort solche Maßnahmen angeboten werden.

gewicht) zeigt schon nach kurzer Zeit Effekte. Sie verschaffen sich dadurch die nötige „Kondition" für einen Krankenhausaufenthalt.

2. Dokumentieren Sie Ihre Gesundheits-Historie

Was der Arzt als Anamnese bezeichnet, nämlich die Erfassung Ihres Gesundheitszustands bzw. Ihrer Krankheitsvorgeschichte, können Sie selbst meist sehr viel besser! Deshalb sollten Sie Ihren Arzt unterstützen, z.B. indem Sie Ihre eigene Krankheitsgeschichte auf einem Blatt Papier dokumentieren. Schreiben Sie darin alles auf, was mit Ihrer Erkrankung zusammenhängen kann, beispielsweise

- Erstes Auftreten der Erkrankung, Begleiterkrankungen

- Symptome, Befindlichkeit, Schmerzen

- Arztbesuche

- Medikation (welche Medikamente nehmen Sie ein, welche Dosierung, wie lange, Nahrungsergänzungsmittel)

- bisherige Klinik- und Kuraufenthalte

- bisherige OPs

- Lebensumfeld

- Probleme bei der Verrichtung von Aktivitäten des täglichen Lebens (Anziehen, Waschen, Hausarbeit, Einkaufen).

Je ausführlicher und je regelmäßiger Sie Ihr Gesundheitsblatt aktualisieren, desto hilfreicher ist es für den Arzt und letztlich Ihre Genesung.

3. Bleiben Sie auf Kurs!

Im Krankenhaus bekommen viele Patienten – auch solche, die ansonsten völlig klar im Kopf sind – Verwirrtheitszustände (z.B. Bewusstseins- und Orientierungsstörungen), ein so genanntes Delir oder Delirium. Ausgelöst wird es durch die akute Erkrankung im Zusammenhang mit dem Krankenhausaufenthalt und den Therapiemaßnahmen (z.B. Narkose). In dieser Situation ist es hilfreich, einen vertrauten Menschen zu haben, der regelmäßig zu Besuch kommt. Ebenso wichtig: Die gewohnten Seh- und Hörhilfen dürfen im Krankenhaus keinesfalls beiseitegelegt werden! Rituale und Abläufe, die den Tag strukturieren, sollten auch in der Klinik beibehalten werden, z.B. zweimal tägliches Zähneputzen, Waschen, Telefonieren, Besuch der Cafeteria etc.

4. Achten Sie auf das, was Sie einnehmen sollen

Im Krankenhaus werden Ihnen die Medikamente bereits vorsortiert in Dosierboxen gereicht, d.h., Sie können weder erkennen, um welche Pillen es sich handelt, noch ist klar, wogegen sie helfen sollen. Auch der Medikationsplan, der auf manchen Stationen verteilt wird, hilft nicht immer weiter. Deshalb: Fragen Sie das Personal, um welche Tabletten es sich im Einzelnen handelt und wer sie wogegen verordnet hat. Erkundigen Sie sich bei neu verschriebenen Medikamenten, welche Nebenwirkungen und Risiken diese auslösen können. Als BENEFIT-Leser kennen Sie die Beers-Liste, die Medikamente aufführt, die Älteren eher schaden als nutzen. Stehen darin Wirkstoffe, die Sie einnehmen sollen? Dann haken Sie sofort beim behandelnden Arzt nach und verlangen Sie ein anderes Medikament.

5. Bleiben Sie in Bewegung

Bereits nach einer Woche im Bett verlieren viele ältere Menschen die Fähigkeit, ohne Hilfe zu gehen. Ursache: Unbenutzte Muskeln schrumpfen schnell und werden steif. Zudem lässt die Lungenfunktion nach. Was hilft: Sobald Sie sicher aufstehen können (und dürfen), sollten Sie dies tun. Gehen Sie im Zimmer auf und ab, im Flur oder erkunden Sie das ganze Krankenhaus. Wichtig: Laufen Sie nicht in Hausschuhen umher, sondern am besten in Sport- oder Wanderschuhen, die Ihren Füßen besseren Halt bieten.

 Mein Insider-Tipp

Müssen Sie auf ärztliche Anweisung im Bett liegen, sollten Sie schon am ersten Tag einen Physiotherapeuten hinzuziehen, der Ihnen Bewegungsübungen beibringt, die Sie im Bett machen können. Wenn Ihnen nicht automatisch ein Physiotherapeut zugewiesen wird, sprechen Sie Ihren behandelnden Arzt darauf an. Ihr Ziel sollte sein, möglichst schnell das Bett zu verlassen.

6. Erholsamer Schlaf fördert Ihre Genesung

Obwohl das häufig kritisiert wird, holen viele Krankenhäuser ihre Patienten immer noch zu den unmöglichsten Nachtzeiten aus dem Schlaf, um die Vitalfunktionen zu überprüfen oder eine Behandlung durchzuführen. Wenn es keinen medizinischen Grund gibt, Ihren Schlaf zu unterbrechen, bitten Sie den Arzt, eine Anweisung zu schreiben, dass Sie nachts nicht geweckt werden. Ohrstöpsel können die unvermeidlichen Krankenhausgeräusche dämpfen.

 Mein Insider-Tipp

Halten Sie Ihren Schlaf-Wach-Rhythmus ein. Viele Patienten schlafen im Krankenhaus schon deshalb nachts schlecht, weil sie tagsüber öfter mal einnicken und ihr Schlafbedürfnis dadurch nachts geringer ist.

7. Trinken Sie genügend

Flüssigkeitsmangel kann im Krankenhaus zu Verstopfung, Harnwegsinfektion und Delir führen und Ihren Aufenthalt unnötig verlängern. Achten Sie darauf, täglich 1,5 Liter Flüssigkeit zu trinken (stilles Wasser, verdünnte Fruchtsäfte, Früchtetees).

8. Lassen Sie sich helfen

Es ist immer eine gute Idee, einen vertrauten Menschen um sich zu haben, der auf Sie und eventuelle Symptome achtet und mit dem medizinischen Personal kommuniziert. In manchen Situationen kann es durchaus hilfreich sein, wenn diese Person über Nacht bleibt. Eine solche „medizinisch indizierte Mitaufnahme" (§ 17b Abs. 1 Satz 4 KHG) muss vom Arzt befürwortet werden, beispielsweise bei akuten Angstzuständen oder eingeschränkter Kommunikationsfähigkeit des Patienten.

Gehen Sie einfach einen Tick schneller

Eine im *Journal of the American Medical Association* veröffentlichte Studie fand heraus, dass Menschen, die im Alltag mit einem flotten Schritt unterwegs sind (durchschnittlich schneller als 3,6 km/Stunde), länger leben als solche, die langsamer gehen. Eine schnelle Gangart senkt nicht nur Herzfrequenz und Blutdruck, sondern verringert auch den Blutfettgehalt und das Risiko von Blutgerinnseln, die Hauptursache für Herzinfarkte.

So helfen Sie sich selbst:

Immer, wenn Sie zu Fuß unterwegs sind, sollten Sie einen Zahn zulegen, also ein wenig schneller gehen, als Sie normalerweise gehen würden. Erhöhen Sie Tempo und Streckenlänge langsam. Messen Sie die zurückgelegte Strecke und die benötigte Zeit, setzen Sie sich alle zwei Wochen neue Ziele. Übertreiben Sie nicht. Gehen Sie immer nur so schnell, dass Sie dabei nicht außer Atem geraten, Sie sollten sich während des Gehens noch problemlos unterhalten bzw. – wenn Sie allein gehen – ein Liedchen pfeifen können. Sie werden staunen: Ihre Ausdauer, Ihr körperliches Wohlbefinden und Ihre Energie verbessern sich innerhalb von zwei bis drei Wochen!

Schützen Sie Ihre Atemwege mit Thymiantee

Wenn sich die Lungen nicht wie normal ausdehnen und zusammenziehen können, steigt die Gefahr für eine Grippe oder andere Infektionskrankheiten, einschließlich Lungenentzündung! Der in Thymian enthaltene Wirkstoff Thymol ist ein Entzündungshemmer, der nicht nur Erkältungen, Bronchitis und Lungenentzündungen vorbeugt, sondern auch akute und chronische Probleme der Atemwege, z.B. Asthma, Allergien und Emphyseme (Überdehnung der Lungenbläschen), lindert.

So helfen Sie sich selbst:

Trinken Sie zur Vorbeugung morgens täglich eine, bei akuten Erkrankungen der Atmungsorgane zwei Tassen (je eine morgens und abends) Thymiantee (Reformhaus, Apotheke). Zubereitung: Geben Sie einen Teelöffel getrockneten Thymian (bei frischem Thymian zwei) in einen Becher und füllen Sie ihn mit heißem Wasser auf. 5 Minuten ziehen lassen und abseihen.

 Achtung

Wenn Sie Blutverdünner einnehmen, fragen Sie Ihren Arzt, bevor Sie mit der Thymian-Kur beginnen, da sie Ihre Blutungsneigung erhöhen kann. Noch ein Tipp: Trinken Sie täglich mindestens 1,5 Liter Flüssigkeit (Trinkwasser, Mineralwasser, Früchtetee, verdünnte Fruchtsäfte). Das hilft, den Schleim in den Atemwegen zu verflüssigen, sodass Bakterien und Viren besser ausgeschwemmt werden können.

Notizen für eine bessere Gesundheit

Finanzielle Unabhängigkeit

Wann Sie eine Steuererklärung abgeben müssen und wann nicht

Nicht immer müssen Sie eine Steuererklärung abgeben. Die Pflicht haben Sie aber auf jeden Fall, wenn das Finanzamt Sie dazu auffordert. Das kann es auch für zurückliegende Jahre tun. Überdies sollten Sie aber auch selbst prüfen, ob Sie eine Steuererklärung abgeben müssen bzw. steuerpflichtig sind. Denn Steuerschulden aus der Vergangenheit addieren sich und können zu einer erdrückenden Last werden. Dazu kommen womöglich noch Nachzahlungszinsen, die die Steuerlast beträchtlich erhöhen können. Das ist ein Risiko, dem Sie besser vorgreifen. Die Prüfung, ob eine Steuererklärungspflicht besteht, fällt unterschiedlich aus, je nachdem, ob Sie Rentner, Pensionär oder Arbeitnehmer sind.

Rentner: Nicht die volle Rente zählt

Erst ab einem Jahreseinkommen von 9.408 € (Steuerjahr 2020) müssen Sie überhaupt Steuern zahlen. Das gilt nicht nur für Rentner, sondern für alle Bürger. Bei zusammen veranlagten Ehepaaren verdoppelt sich dieser Betrag auf 18.816 € (Steuerjahr 2020).

„Das ist ja lächerlich!", werden Sie jetzt sagen, denn höchstwahrscheinlich ist Ihre Rente höher. Trotzdem können Sie als Rentner auch mit deutlich höheren Bezügen unter dem Grundfreibetrag liegen und damit der Pflicht entgehen, eine Steuererklärung abgeben zu müssen. Denn es zählt nur der steuerpflichtige Rentenanteil. Dieser wiederum hängt davon ab, wann Sie in den Ruhestand gegangen sind und was Sie im betreffenden Jahr an Rente erhalten haben. Anhand der Tabelle auf Seite 36 finden Sie heraus, wie hoch der steuerpflichtige Rentenanteil in Ihrem Fall ist. Die folgende Beispielrechnung zeigt Ihnen, wie Sie prüfen, ob Sie eine Steuererklärung abgeben müssen.

Beispiel: Sie sind bereits 2010 in den Ruhestand gegangen. Ihre Rente beläuft sich auf 14.000 €, andere Einkünfte haben Sie nicht. Das heißt, Ihr steuerpflichtiger Anteil beträgt 60 % davon, das sind 8.400 €. Damit liegen Sie unter dem Grundfreibetrag von 9.408 € (2020). Eine Steuererklärung müssen Sie daher nicht abgeben.

Angenommen, Ihre Rente ist höher oder Sie sind erst später in Rente gegangen, sodass Ihr steuerpflichtiger Anteil über dem Grundfreibetrag liegt. Dann müssen Sie zwar eine Steuererklärung abgeben – aber wenn Sie diverse absetzbare Kosten geltend machen, wird es Ihnen häufig gelingen, das steuerpflichtige Einkommen unter den Grundfreibetrag zu drücken.

Steuerpflichtiger Rentenanteil (abhängig vom Rentenbeginn)

Rentenbeginn	steuerpflichtiger Anteil	Rentenbeginn	steuerpflichtiger Anteil
2005	50 %	2023	83 %
2006	52 %	2024	84 %
2007	54 %	2025	85 %
2008	56 %	2026	86 %
2009	58 %	2027	87 %
2010	60 %	2028	88 %
2011	62 %	2029	89 %
2012	64 %	2030	90 %
2013	66 %	2031	91 %
2014	68 %	2032	92 %
2015	70 %	2033	93 %
2016	72 %	2034	94 %
2017	74 %	2035	95 %
2018	76 %	2036	96 %
2019	78 %	2037	97 %
2020	80 %	2038	98 %
2021	81 %	2039	99 %
2022	82 %	2040	100 %

Das gilt für pensionierte Beamte und Werkspensionäre

Als pensionierter Beamter oder Bezieher einer Werkspension müssen Sie in aller Regel eine Steuererklärung abgeben, es sei denn, Ihre Pensions- und alle weiteren Einkünfte lägen unter dem Grundfreibetrag von 9.408 € (Steuerjahr 2020).

Versteuert wird Ihre volle Pension. Davon abgezogen werden allerdings ein Versorgungsbetrag und ein Zuschlag, die beide vom Jahr des Pensionseintritts abhängen. Diesen Versorgungszuschlag ziehen Sie von Ihrer Pension ab. Liegen Ihre Einkünfte somit bereits unter dem Grundfreibetrag von 9.408 € (Steuerjahr 2020), dann müssen Sie zwar üblicherweise eine Steuererklärung abgeben – aber dann bleiben Ihre Einkünfte trotzdem steuerfrei. Das Gesagte gilt – wie bereits erwähnt – auch für arbeitgeberfinanzierte Betriebsrenten („Werkspensionen").

Für Pensionen zählt Anlage N

Als Pensionär oder Betriebsrentner tragen Sie Ihre Versorgungsbezüge in die Anlage N zu Ihrer Steuererklärung ein. Das ist die gleiche Anlage, die auch für Arbeitnehmer gilt. Zusätzlich brauchen Sie die Anlage „Vorsorgeaufwand", um etwa die Aufwendungen für Kranken-, Haftpflicht- und sonstige existenziell notwendige Versicherungen geltend machen zu können.

Arbeitnehmer: Steuererklärung meist unerlässlich

Als Arbeitnehmer kommen Sie um eine Steuererklärung kaum herum. Zur Abgabe verpflichtet sind Sie konkret, wenn

- Sie zusätzlich zum Lohn bzw. Gehalt mehr als 410 € jährlich an Nebeneinkünften hatten (z. B. Mieteinnahmen, Rentenbezüge, Einkünfte aus selbstständiger Tätigkeit, Arbeitslosen-, Kurzarbeiter- oder Krankengeld),

- Sie 2019 für mehrere Arbeitgeber tätig waren,

- Sie Kapitalerträge oberhalb des Sparerpauschbetrags hatten, von denen keine Abgeltungsteuer abgezogen wurde,

- in Ihrer elektronischen Lohnsteuerkarte (ELStAM) oder der Ihres Ehegatten für 2019 die Lohnsteuerklasse III, V oder VI eingetragen war,

- in Ihrer elektronischen Lohnsteuerkarte (ELStAM) für 2019 ein Freibetrag (oder auch mehrere) eingetragen war(en),

- Sie sich 2019 haben scheiden lassen oder zum Witwer (zur Witwe) wurden und im selben Jahr wieder geheiratet haben,

- Sie eine Abfindung erhalten haben, die der Arbeitgeber nach der für Sie günstigen Fünftelregelung pauschal versteuert hat.

Für Arbeitseinkommen zählt ebenfalls Anlage N

Als Arbeitnehmer tragen Sie Ihre Einkünfte in Anlage N zu Ihrer Steuererklärung ein. Zusätzlich benötigen auch Sie die Anlage „Vorsorgeaufwand".

Selbstständige: Pflicht zur Steuererklärung besteht immer

Auch wenn Sie vielleicht nicht im klassischen Sinne selbstständig sind, können Sie steuerlich durchaus als Selbstständiger bzw. Gewerbetreibender eingestuft werden – etwa, wenn Sie auf Ihrem Dach eine Solaranlage (Photovoltaik) haben und Strom ins

Netz des örtlichen Versorgers einspeisen oder wenn Sie Firmenanteile eines Familienunternehmens halten. Dann ist die Sache ganz einfach: Eine Steuererklärung müssen Sie in jedem Fall abgeben.

Das gilt auch, wenn Ihre Haupteinnahmen aus ganz anderen Quellen stammen (Rente, Pension, Arbeitseinkünfte).

Einkünfte aus mehreren Quellen

Falls Sie Einkünfte aus verschiedenen Quellen haben (Rente, Pension, Arbeitseinkünfte, Einkünfte als Selbstständiger), zählt alles zusammen (bei Renten und Pensionen nur der steuerpflichtige Anteil). Liegt das Ergebnis über dem Grundfreibetrag von 9.408 € (Steuerjahr 2020), sind Sie ebenfalls verpflichtet, eine Steuererklärung abzugeben.

Anlage G oder S und EÜR

Bei einer Selbstständigkeit kommt es darauf an: Sind Sie freiberuflich tätig, brauchen Sie zusätzlich zum Mantelbogen die Anlage S. Sind Ihre Einkünfte gewerblich (das ist bei einer Solaranlage auf dem Dach der Fall), ist es die Anlage G. Zusätzlich müssen Sie eine Einnahmen-Überschuss-Rechnung machen (EÜR), wenn Sie nicht gesetzlich zur Bilanzierung verpflichtet sind (und das ist meist nur bei größeren Unternehmen der Fall).

Beachten Sie: Falls Sie sich auch nach eingehender Prüfung nicht sicher sind, ob Sie eine Steuererklärung abgeben müssen, dann tun Sie es sicherheitshalber. Denn das geht auch auf freiwilliger Basis. Anhand des Steuerbescheides, den Sie daraufhin erhalten, finden Sie schnell heraus, ob der Aufwand dafür auch in den nächsten Jahren notwendig ist.

Steuererklärungspflicht heißt nicht gleich Steuerpflicht

Selbst wenn Sie nach der Lektüre dieses Beitrags zu dem Schluss kommen, eine Steuererklärung abgeben zu müssen: Dass Sie dann zwangsläufig Steuern zahlen müssen, ist nicht gesagt. Lassen Sie sich also nicht verrückt machen. Die Steuerlast hält sich in der Regel in Grenzen und lässt sich oft sogar auf null drücken.

Steuerformulare: Warum, weshalb, woher?

Die Unterlagen, die für eine Steuererklärung nötig sind, kennen Sie. Sie brauchen nicht die grau-grünen Originalvordrucke zu verwenden, auch eine Kopie oder eine ausgedruckte Version ist erlaubt. In manchen Städten und Gemeinden liegen die aktuellen Steuerformulare im Rathaus oder Bürgeramt aus. Häufig aber sind sie nicht vollständig, oft fehlen Anlagen, die zwar nicht jeder braucht, die Sie persönlich aber sehr wohl für Ihre Steuererklärung benötigen. Das macht aber nichts, denn Sie können sich alle Formulare direkt von der Bundesfinanzverwaltung aus dem Internet herunterladen. Sie finden die Vordrucke unter folgender Adresse:

www.formulare-bfinv.de → Einkommensteuer ... mit allen Anlagen (verfügbar fürs jeweils zurückliegende Kalenderjahr in der Regel ab Januar des Folgejahres; abrufbar sind auch ältere Formulare)

Übersicht: Welche Steuererklärungs-Vordrucke Sie brauchen

Voraussetzung/ Zweck	benötigter Vordruck	Bemerkung
Stets nötig	Hauptvordruck (landläufig „Mantelbogen" genannt)	Im Mantelbogen tragen Sie neben Ihren persönlichen Daten z. B. auch Spenden, außergewöhnliche Belastungen sowie Haushaltshilfen und haushaltsnahe Dienst- oder Handwerkerleistungen ein.
Stets nötig	Anlage Vorsorgeaufwand	In der Anlage Vorsorgeaufwand tragen Sie Sozialversicherungsbeiträge und absetzbare Versicherungen ein.
Gesetzliche Rente	Anlage R (Rente)	Anlage R brauchen Sie, um Ihre gesetzlichen und/oder privaten Rentenbezüge zu deklarieren.
Pension/ Werkspension	Anlage N (Einkünfte aus nichtselbstständiger Arbeit)	Anlage N brauchen Sie als Pensionär oder Bezieher einer arbeitgeberfinanzierten Betriebsrente (Werkspension). **Fortsetzung Seite 40**

Fortsetzung: Übersicht: Welche Steuererklärungs-Vordrucke Sie brauchen

Voraussetzung/ Zweck	benötigter Vordruck	Bemerkung
Einkünfte als Arbeitnehmer oder Beamter	Anlage N (Einkünfte aus nichtselbstständiger Arbeit)	Anlage N dient ebenfalls der Deklaration von Einkünften aus nichtselbstständiger Arbeit.
Riester/Rürup (Einzahlungsphase)	Anlage AV (Altersvorsorge)	Hier geben Sie Ihre Einzahlungen in einen Riester- oder Rürup-Vertrag an.
Einkünfte aus Kapitalvermögen	Anlage KAP (Einkünfte aus Kapitalvermögen)	Anlage KAP ist nur in Ausnahmefällen nötig, da die Kapitalertragsteuer (Abgeltungsteuer) in der Regel von der Bank einbehalten wird.
Einkünfte als Selbstständiger	Anlage S, Anlage G	Für Einkünfte aus freiberuflicher Tätigkeit brauchen Sie Anlage S, für gewerbliche Einkünfte Anlage G. Zu letzteren gehört z. B. auch die Einspeisevergütung für selbst produzierten Solarstrom.
Einkünfte aus Vermietung und Verpachtung	Anlage V (Einkünfte aus Vermietung und Verpachtung)	Anlage V brauchen Sie nur, wenn Sie eine Immobilie vermieten oder verpachten.
private Veräußerungsgeschäfte (Gold, Immobilien, Antiquitäten, Grundstücke etc.)	Anlage SO	Anlage SO brauchen Sie ausschließlich, wenn Sie Gold, Immobilien, Kunst, Grundstücke oder Antiquitäten innerhalb der Spekulationsfrist verkauft haben. Diese Frist beträgt bei Immobilien zehn Jahre (bei selbst genutzten Immobilien zwei bis drei Jahre), bei Gold, Kunst, Antiquitäten & Co. ein Jahr.

Zeile für Zeile – diese Eintragungen bringen Ihnen die größte Steuerersparnis

Ob Sie nun Rentner, Pensionär oder Arbeitnehmer sind: Die wenigsten Menschen kommen heute noch um die Abgabe einer Steuererklärung herum. Das macht zwar keinen Spaß – bringt Ihnen aber doch eine erkleckliche Steuerersparnis, wenn Sie es richtig anpacken. Und gerade bei Ruheständlern besteht oft sogar die Möglichkeit, eine Besteuerung ganz zu umgehen. Lesen Sie hier, welche Angaben für Sie den größten Steuerspar-Effekt haben – und wo Sie diese im Steuervordruck für das jeweilige Veranlagungsjahr eintragen.

Haushalts- und Gartenhilfen: Bis zu 510 € Ersparnis pro Jahr

Sie beschäftigen in Ihrem Haushalt oder Garten einen Minijobber? Wenn Sie diesen ordnungsgemäß bei der Minijob-Zentrale angemeldet haben, dann können Sie die Kosten auch steuerlich absetzen. Und zwar nicht nur den Lohn, den Sie dieser Person zahlen, sondern auch die Abgaben, die Sie zusätzlich an die Minijob-Zentrale geleistet haben. Wie viel das ist, steht in der „Bescheinigung über die gezahlten Aufwendungen", die Sie im Januar oder Februar für das gesamte Vorjahr erhalten haben. Diese Angaben gehören in den Mantelbogen, Zeile 71 (geringfügige Beschäftigungen im Privathaushalt – sog. Minijobs). Sie sparen damit 20 % der Kosten bis maximal 510 €.

Haushaltsnahe Dienstleistungen: Bis zu 4.000 € Ersparnis pro Jahr

Haushaltsnahe Dienstleistungen sind alltägliche Verrichtungen im Haushalt oder Garten, die eigentlich auch ein Haushaltsmitglied ausführen könnte. Dazu gehören Kochen, Waschen, Putzen, Spülen, Rasenmähen, Heckenschneiden sowie Pflege- und Betreuungsleistungen bei Alten, Behinderten und Kranken im Haushalt. Wenn Sie dafür keinen Minijobber eingestellt haben, sondern jemanden, der das bei Bedarf auf Rechnung für Sie erledigt, sind Sie bei den „haushaltsnahen Dienstleistungen" richtig. Die Rechnungen können Sie steuerlich einreichen, und auch hier werden 20 % des Rechnungsbetrags direkt von Ihrer Steuerschuld abgezogen. Der Höchstbetrag dessen, was Sie hier sparen können, liegt bei 4.000 € pro Jahr. Geltend machen Sie diese Kosten im Mantelbogen, Zeile 72 (haushaltsnahe Dienstleistungen [...], Pflege- und Betreuungsleistungen im Haushalt [...]).

Haushaltsnahe Handwerkerleistungen: Bis zu 1.200 € Ersparnis pro Jahr

Ob Schornsteinfeger oder Installateur, ob Maler oder Fliesenleger: Wann immer Sie von einem Handwerksbetrieb oder sonstigen Unternehmen in Ihrem eigenen Haushalt

Arbeiten zur Renovierung, Erhaltung oder Modernisierung verrichten lassen, sind zumindest die Arbeitskosten absetzbar. Das heißt: In der Rechnung sollte ausgewiesen sein, welcher Anteil aufs Material und welcher auf die reine Arbeitszeit (inklusive Anfahrt) entfällt. Auch hier beläuft sich die Steuerersparnis auf 20 % dieser Arbeitskosten. Der Höchstbetrag liegt pro Jahr bei 1.200 €. Geltend machen Sie diese Kosten in der Zeile 73 des Mantelbogens (Handwerkerleistungen für Renovierungs-, Erhaltungs- und Modernisierungsmaßnahmen [...]).

 Mein Insider-Tipp:

Lassen Sie sich als Mieter oder Wohnungseigentümer eine Bescheinigung ausstellen

Sie wohnen in einer Miet- oder Eigentumswohnung und bekommen daher die Rechnungen über haushaltsnahe Dienst- oder Handwerkerleistungen nicht direkt, weil der Vermieter oder die Hausverwaltung sie zunächst zahlt und dann über eine Umlage in der Nebenkosten-Abrechnung von Ihnen zurückfordert? Dann bitten Sie Vermieter oder Hausverwaltung um eine Bescheinigung über haushaltsnahe Dienst- und Handwerkerleistungen, die Sie dem Finanzamt vorlegen können. Damit können Sie genauso Steuern sparen, als hätten Sie die Rechnungen direkt bezahlt.

Kosten für Treppenlifte, Umbaumaßnahmen & Co.: Bis zu 42 % zahlt das Finanzamt

Sie sind gehbehindert und haben sich daher einen Treppenlift einbauen lassen? Oder ein barrierefreies Bad? Oder einen schwellenfreien Übergang bzw. verbreiterte Türen für Rollator oder Rollstuhl? Oder Sie mussten aufgrund einer Krankheit oder Behinderung andere Um- und Ausbaumaßnahmen durchführen lassen? Sofern solche Aufwendungen medizinisch notwendig waren, können Sie sie steuerlich geltend machen.

Voraussetzung ist, dass keine Versicherung oder Kasse dafür aufgekommen ist und dass Sie auch keine Fördermittel dafür in Anspruch genommen haben. Außerdem verlangt das Finanzamt den Nachweis, dass diese Maßnahmen zwangsläufig waren (Behindertenausweis, Pflegegrad-Einstufung oder Gutachten von Arzt oder medizinischem Dienst). Was Sie dadurch sparen, hängt zum einen von den Kosten ab, die Sie selbst getragen haben. Zum anderen von Ihrem persönlichen Steuersatz, der zwischen 14 und 42 % liegt. Die Gesamtkosten setzen Sie als „außergewöhnliche Belastung" ab. Davon zieht das Finanzamt dann noch die „zumutbare Belastung" ab, die von Ihrem Familienstand, Ihrer Einkommenshöhe und der Zahl der kindergeldberechtigten Kinder abhängt und zwischen 1 und 7 % Ihres Einkommens beträgt. Gleichwohl kann daraus eine Steuerersparnis von Tausenden Euro resultieren. Die Umbaukosten

machen Sie geltend im Mantelbogen, Zeile 61 bis 64 (Außergewöhnliche Belastungen, Behinderte Menschen und Hinterbliebene).

Krankheitskosten: Auch hier sind bis zu 42 % Steuerersparnis drin

Hoffentlich haben Sie die Belege alle aufgehoben, die im vergangenen Jahr krankheitsbedingt bei Ihnen angefallen sind und medizinisch notwendig waren. Das können beispielsweise sein:

- Zuzahlungen zu ärztlich verordneten Medikamenten

- Zuzahlungen zu Taxikosten zum Arzt oder Krankenhaus (etwa wegen Chemotherapie, Dialyse etc.)

- Kur-, Behandlungs- oder Operationskosten, die Ihre Krankenversicherung nicht (voll) übernommen hat

- Zuzahlungen zu Einlagen oder orthopädischen Schuhen

Diese Posten summieren Sie auf einem gesonderten Blatt auf, und die Summe tragen Sie im Mantelbogen, Zeile 67 (andere außergewöhnliche Belastungen) ein. Auch davon wird zunächst die „zumutbare Belastung" abgezogen (siehe voriger Abschnitt). Aber Ihr steuerpflichtiges Einkommen verringert sich um den Rest, und das bedeutet eine Steuerersparnis zwischen 14 und 42 % der Kosten.

Pflege im eigenen Haushalt: Bis zu 388 € Steuerersparnis pro Jahr

Jemand ist blind oder hilflos (Schwerbehindertenausweis mit Eintrag H oder Bl)? Oder pflegebedürftig (Pflegegrad 4 oder 5)? Und Sie kümmern sich in Ihrem eigenen Haushalt oder in dem der betreffenden Person unentgeltlich um die Pflege? Dann können Sie ohne Nachweis von Arbeitsstunden oder Einzelkosten den so genannten Pflege-Pauschbetrag in Anspruch nehmen. Er beläuft sich auf 924 € pro Jahr, was Ihnen eine Steuerersparnis von 129 bis 388 € bringt, je nachdem, wie hoch Ihr

 Achtung

Alternativ zum Pflege-Pauschbetrag könnten Sie auch die angefallenen Kosten als „sonstige außergewöhnliche Belastung" absetzen. Das sind Kosten, die Sie selbst getragen haben und die nicht von einer Pflegekasse oder privaten Pflegeversicherung erstattet wurden. Das Problem ist nur: Dafür brauchen Sie jeden einzelnen Beleg. Außerdem wird dann von der Gesamtsumme noch die zumutbare Belastung (1 bis 7 % des steuerpflichtigen Einkommens) abgezogen, und nur, was darüber liegt, ist absetzbar. Der Pflege-Pauschbetrag steht Ihnen dagegen ganz ohne Nachweise zur Verfügung.

persönlicher Steuersatz ist. Bei zwei Pflegebedürftigen verdoppelt sich der Pflege-Pauschbetrag. Sie machen ihn ebenfalls im Mantelbogen geltend. Die Angabe gehört in Zeile 65/66 (Pflege-Pauschbetrag).

Fahrtkosten: Sie sparen bis zu 12,60 € pro 100 km

Fahrtkosten können Sie dann absetzen, wenn diese zur Erzielung von Einkünften nötig sind. Derlei Einkünfte sind vor allem Mieten und Pachten sowie Arbeitslohn oder Gehalt. Kapitaleinkünfte sind allerdings von dieser Regel ausgenommen. Absetzbar sind in aller Regel 0,30 € pro Kilometer, was bedeutet: Bei einem persönlichen Steuersatz von 14 bis 42 % sparen Sie für 100 Kilometer 4,20 € bis 12,60 €. Meist zählt die gesamte zurückgelegte Strecke, bei der Anfahrt zur Arbeit dürfen Sie allerdings nur die einfache Entfernung angeben. Konkret:

- **Fahrtkosten als Vermieter:** Zu den absetzbaren Fahrtkosten als Vermieter zählen alle Strecken, die Sie zu Ihrem Mietshaus oder Ihrer Mietwohnung zurücklegen – etwa, um Handwerker zu beaufsichtigen, um Reparaturen selbst durchzuführen, um Räume mit potenziellen Neumietern zu besichtigen oder eine Wohnungs- und Schlüsselübergabe durchzuführen.

  Auch die Fahrten zur Eigentümerversammlung in Wohnanlagen gehören dazu, wenn Ihre Wohneinheit in dem betreffenden Gebäude vermietet ist. Hier zählen Hin- und Rückweg, und pro gefahrenem Kilometer lassen sich 0,30 € absetzen. Geltend machen Sie dies in der Anlage V (Einkünfte aus Vermietung und Verpachtung), Zeile 47 (Verwaltungskosten). Zusätzlich sollten Sie dem Finanzamt eine Fahrtkostenaufstellung beilegen, damit es nachvollziehen kann, wie die geltend gemachten Fahrtkosten zustande gekommen sind.

- **Anfahrtskosten zu Ihrer Arbeitsstelle:** Ebenfalls absetzbar sind Anfahrtskosten zu Ihrer Arbeitsstelle (kein Minijob). Für die Fahrten zur Arbeit machen Sie die einfache Entfernung zwischen Ihrem Wohnort und Ihrem Arbeitsplatz für jeden einzelnen Arbeitstag geltend. Sie brauchen dafür nicht extra nachzuzählen: In der Regel akzeptiert das Finanzamt bei einer Vollzeitstelle rund 220 Arbeitstage. Diese tragen Sie einfach zusammen mit der Adresse Ihres Arbeitsplatzes in der Anlage N unter der Rubrik Werbungskosten in Zeile 31 bis 38 (Wege zwischen Wohnung und erster Tätigkeitsstätte [...]) ein.

  Wenn Sie unterjährig Ihre Stelle gewechselt haben, ist auch für den zweiten Arbeitgeber noch Platz. Sie müssen dann nur angeben, von wann bis wann Sie für den ersten und von wann bis wann Sie für den zweiten Arbeitgeber tätig waren. Das Finanzamt errechnet dann eigenständig Ihre absetzbaren Anfahrtskosten, indem es die einfache Wegstrecke in Kilometern mit 0,30 € und der Zahl der Arbeitstage malnimmt. Um diesen Betrag mindert sich Ihr steuerpflichtiges Einkommen.

Eigene Verpflegung auf Dienstreisen: Pro Tag Abwesenheit sparen Sie bis zu 10 €

Wenn Sie als Arbeitnehmer mehr als 8 Stunden pro Kalendertag auf Dienstreise sind oder sogar mehrere Tage am Stück von zu Hause weg sind, heißt das zwangsläufig: Sie können nicht günstig daheim essen. Das weiß auch der Gesetzgeber und gibt Ihnen deshalb die Möglichkeit, die zusätzlichen Kosten steuerlich geltend zu machen. Allerdings können Sie nicht die Restaurantrechnungen einreichen, sondern nur bestimmte, vom Staat vorgegebene Pauschalen, die so genannten Verpflegungsmehraufwendungen. So errechnen sich diese:

- 12 € setzen Sie an für Abwesenheiten von mehr als 8 und weniger als 24 Stunden an einem Kalendertag.

- 12 € setzen Sie auch an für jeden An- und den Abreisetag, unabhängig von der Dauer Ihrer Abwesenheit in Stunden.

- 24 € setzen Sie an für jeden vollen Kalendertag, an dem Sie dienstlich von zu Hause weg sind.

Um diese Summen mindert sich dann Ihr steuerpflichtiges Einkommen. Das ergibt unterm Strich – je nach Ihrem persönlichen Steuersatz – eine Steuerersparnis von 1,68 € bis 5,04 € für jeden angebrochenen Abwesenheitstag und 3,36 € bis 10,08 € für jeden vollen Abwesenheitstag. Auch diese Kosten listen Sie – am besten zusammen mit den Fahrtkosten (siehe oben) – auf einem gesonderten Blatt auf. Die Summe tragen Sie dann ebenfalls in Anlage N, Zeilen 45 bis 48 (Weitere Werbungskosten) ein.

Auch als Vermieter können Sie die Verpflegungspauschalen beanspruchen – der Eintrag gehört dann wie die Fahrtkosten in Anlage V Zeile 47 (Verwaltungskosten).

Spenden: Holen Sie sich bis zu 50 % der gespendeten Summe vom Staat zurück

Sie haben im vergangenen Jahr Vereine oder wohltätige Organisationen mit Spenden unterstützt? Das hilft Ihnen ebenfalls beim Steuersparen. Reichen Sie bei Summen bis 200 € pro Spende einfach Ihren Kontoauszug oder Einzahlungsbeleg beim Finanzamt ein, aus dem die Spende hervorgeht. Bei Summen über 200 € brauchen Sie in der Regel eine Zuwendungsbescheinigung. Falls der Spendenempfänger Ihnen noch keine ausgestellt hat, reicht meist ein Anruf. Spenden an Vereine, Kirchen oder gemeinnützige Organisationen machen Sie geltend im Mantelbogen, Zeile 45 (Spenden und Mitgliedsbeiträge zur Förderung steuerbegünstigter Zwecke). Sie sparen damit pro gespendetem Euro 14 bis 42 Cent an Steuern, je nach Ihrem persönlichen Steuersatz.

Wenn Sie an eine politische Partei gespendet haben, tragen Sie die Spende im Mantelbogen, Zeile 47 (Spenden an politische Parteien) ein. Das bringt Ihnen unabhängig von Ihrem Steuersatz stets 50 % des gespendeten Geldes in Form einer Steuerersparnis zurück.

Wer pflegt, erbt mehr!

Kinder, die einen Elternteil bzw. Großeltern- oder Urgroßelternteil pflegen, haben Anspruch auf einen finanziellen Ausgleich ihrer Pflegeleistung. Und zwar in Form eines angemessenen Teils aus dem Erbe, bevor dieses aufgeteilt wird. Erstaunlich: Dieses Anrecht ist bei den Pflegenden kaum bekannt.

Das mag daran liegen, dass viele Kinder es als selbstverständlich ansehen, wenn sie ein pflegebedürftiges Eltern- oder Großelternteil betreuen. Sie kommen oft gar nicht auf den Gedanken, dass sie mit ihrer Tätigkeit einen finanziellen Ausgleichsanspruch erwerben. Um diesen zu begründen, müssen die familiären Pfleger seit 2010 auch nicht mehr nachweisen, dass sie wegen der Pflegetätigkeit auf einen Teil ihres Arbeitseinkommens verzichten, wenn sie z.B. aufgrund der zeitlichen Beanspruchung durch die Pflege weniger Stunden in der Woche ihrem Beruf nachgehen können. Erfahren Sie hier, wann und wie Sie diesen Anspruch erwerben und wie er sich auf das Erbe auswirkt.

Wer hat Anspruch?

Anspruch auf diesen Ausgleich haben ausschließlich Abkömmlinge, also alle vom Erblasser abstammenden Personen: Das sind eheliche und nichteheliche Kinder, Enkel, Urenkel, Ururenkel, aber auch adoptierte Kinder. Nicht anspruchsberechtigt sind hingegen Ehepartner, Eltern, Schwiegerkinder oder andere Personen.

Ab welcher Pflegedauer entsteht dieser Anspruch?

Das Gesetz spricht von „längerer Zeit". Orientiert man sich an den Regeln der Pflegeversicherung, bedeutet dies von ca. einem halben Jahr an aufwärts.

Wie hoch ist der Ausgleichsanspruch?

Auch hier nennt der Gesetzgeber keine konkreten Zahlen. Angemessen ist es sicher, wenn man die Kosten zugrunde legt, die ein kommerzieller Pflegedienst für dieselbe Tätigkeit in Rechnung gestellt hätte. Zudem sollte der Ausgleich in einem angemessenen Verhältnis zum Wert des Nachlasses insgesamt stehen.

 ## Beispiel für die Berechnung des Ausgleichsanspruchs

Ein alleinstehender Verstorbener hat seiner Tochter und seinem Sohn ein Erbe in Höhe von 80.000 € hinterlassen. Die Tochter hat ihn vor seinem Tod eine Zeit lang gepflegt, ihre Leistung wird mit 20.000 € angesetzt. Dieser Betrag wird vom Gesamterbe der beiden Kinder abgezogen und steht allein der Tochter zu.
Das Rest-Erbe in Höhe von 60.000 € wird hälftig auf Tochter und Sohn aufgeteilt. Insgesamt erhält die Tochter also 20.000 + 30.000 = 50.000 €, der Sohn 30.000 €.

Gut zu wissen: Der Anspruch richtet sich ausschließlich gegen Erben, die ebenfalls Abkömmlinge sind und auch tatsächlich erben. Er richtet sich nicht gegen den Ehepartner oder die Geschwister des Erblassers.

Wie wird der Ausgleichsanspruch eingefordert?

Wer einen Angehörigen längere Zeit gepflegt hat, muss seinen Anspruch selbst geltend machen, und zwar bevor das Erbe verteilt wird. Er muss nachweisen, dass und wie lange er den Verstorbenen gepflegt hat. Dazu sollte er seinen Zeit- und Sachaufwand, z.B. in einem Pflegetagebuch, genau dokumentieren. Eventuell aus dem Pflegegeld erhaltene Zuwendungen müssen in Abzug gebracht werden.

Was Sie sofort tun müssen, wenn Sie Geld falsch überwiesen haben!

Wenn Sie heute einen Überweisungsauftrag ausfüllen, benötigen Sie eine ruhige Hand und volle Konzentration. Denn wenn Ihnen bei der bis zu 34-stelligen IBAN (Internationale Bankkonto-Nummer) ein Schreibfehler unterläuft, landen Ihre Euro beim falschen Empfänger! Erfahren Sie hier, was Sie dann tun müssen, um Ihr Geld zurückzubekommen.

Diese kundenunfreundliche Regelung ist nun schon 10 Jahre alt: Geldinstitute müssen nicht mehr prüfen, ob die IBAN zum Namen des Empfängers passt. Wenn Sie sich also beim Ausfüllen per Hand oder Tastatur vertun, ist Ihr Geld zunächst einmal futsch!

Es sei denn, Sie haben Glück und die Nummer, die Sie fehlerhaft eingegeben haben, passt zu keinem Konto. Dann bleibt das Geld natürlich auf Ihrem Konto. Gegebenenfalls erhalten Sie von Ihrer Bank eine Nachricht, dass Ihre Anweisung aufgrund einer falschen IBAN nicht ausgeführt werden konnte.

Doch wenn Sie Pech haben, ist das Geld schon an einen unberechtigten Empfänger unterwegs. Dann empfehle ich Ihnen die folgenden 3 Schritte:

1. Informieren Sie Ihre Bank, sobald Ihnen der Fehler aufgefallen ist.

Vielleicht ist die Überweisung ja noch nicht raus und die Bank kann sie zurückrufen. Das klappt oft noch innerhalb der ersten 24 Stunden.

2. Fordern Sie Ihr Geld mit einem Rücküberweisungsantrag zurück.

Ist das Geld erst dem falschen Konto gutgeschrieben, wird es etwas komplizierter. Bis ins Jahr 2018 war das Geld zunächst einmal weg. Sie mussten sich mit einem Rückforderungsbrief an die Bank des Empfängers wenden und bitten, den Brief an den Kontoinhaber weiterzuleiten, damit dieser eine Rücküberweisung vornimmt.

Diese umständliche Prozedur gehört nun der Vergangenheit an. Auf der Grundlage der Zweiten Zahlungsdienste-Richtlinie (PSD 2) müssen Banken bei einer Fehlüberweisung den fälschlicherweise überwiesenen Betrag spätestens einen Tag, nachdem sie darüber informiert wurden, an Sie rückerstatten. Stellen Sie dazu bei Ihrer Bank einen Rücküberweisungsantrag. Die andere Bank muss Ihrer Bank die zur Rückbuchung erforderlichen Informationen zur Verfügung stellen. Das funktioniert meistens, eine Garantie haben Sie allerdings nicht.

Doch aufgepasst: Handelt es sich lediglich um einen geringen Betrag, können die Rückholkosten schnell höher sein, denn die liegen – je nach Bank – zwischen 10 und 20 €.

3. Klagen Sie den Betrag notfalls beim Empfänger ein.

Da der falsche Empfänger sich – wenngleich ohne sein Zutun – juristisch gesehen ungerechtfertigt bereichert hat, muss er den fehlgeleiteten Betrag herausrücken. Sollte er sich weigern, haben Sie die Möglichkeit, auf dem Klageweg gegen ihn vorzugehen. Grundlage ist der Paragraf 812 BGB, wonach derjenige, der „die Leistung eines anderen oder in sonstiger Weise auf dessen Kosten etwas ohne rechtlichen Grund erlangt, zu dessen Herausgabe verpflichtet ist". Da helfen ihm auch keine fadenscheinigen Ausreden wie „Habe ich bereits ausgegeben" oder „Habe ich gar nicht bemerkt". Siehe auch Urteil des Oberlandesgerichts Celle 3 U 11/05.

 Mein Insider-Tipp

Füllen Sie die Kästchen der Überweisungsformulare mit größtmöglicher Sorgfalt aus. Prüfen Sie unbedingt alle Daten doppelt, um sich Ärger und Folgekosten zu ersparen, denn diese können mitunter höher sein als der Rückerstattungsbetrag.

Bahn fahren und Geld sparen

Wenn Sie früher eine Zug-Fahrkarte gekauft haben, konnten Sie sicher sein, dass jeder, der dieselbe Strecke fuhr, genauso viel dafür bezahlt hat wie Sie. Heute aber kann es Ihnen passieren, dass Sie für Ihr Ticket 145,50 € gezahlt haben, Ihr Sitznachbar aber für dieselbe Strecke nur 29,90 € hinblättern musste. Wer soll das verstehen? Mein Bahnpreis-Crashkurs verschafft Ihnen den Durchblick und hilft Ihnen beim Sparen!

Über die aktuellen Sonderangebote informiert Sie die offizielle Angebotsseite www.bahn.de. Dort finden Sie auch die Gruppen-, Länder- und Quer-durchs-Land-Tickets. Für eine Fahrt von A nach B dürften aber die Sparpreise sowie die Super-Spar-preise für Sie am interessantesten sein. Beide Angebote sind kontingentiert, d.h. wenn weg, dann weg. Die Tabelle informiert über die wichtigsten Eckdaten.

So reisen Sie günstig mit der Bahn

	DB-Sparpreis	DB-Super-Sparpreis
Kosten bis 250 km	Ab 23,90 €	Ab 19,90 €
Kosten ab 250 km (mit ICE)	Ab 35,90 €	Ab 29,90 €
Stornierung	Bis zum Tag vor dem 1. Reisetag: 19 €	Nicht möglich
Zugbindung	Ja	Ja
Sitzplatz-Reservierung (4,50 €)	Nicht enthalten	Nicht enthalten
City-Ticket (Benutzung von öffentlichen Verkehrsmitteln in teilnehmenden Verkehrsverbünden)	Ab 100 km Bahnstrecke enthalten	Nicht enthalten

Ärgernis Zugbindung

Verpassen Sie den auf Ihrer Sparpreis- oder Super-Sparpreis-Fahrkarte vermerkten Zug, verfällt Ihr Ticket. Geld zurück gibt´s nicht! Sie müssen ein neues, in der Regel teureres lösen. Allerdings: Fällt ein Zug aus oder ist mehr als 20 Minuten verspätet, wird die Zugbindung automatisch aufgehoben. Steigen Sie mit Ihrem Ticket einfach in den nächsten geeigneten Zug ein.

Flexpreis

Er ist nichts anderes als der normale Fahrpreis, also der teuerste der drei Preiskategorien. Größter Vorteil eines Flexpreis-Tickets: Sie sind an keinen bestimmten Zug ge-

bunden und dürfen ab einer Fahrtstrecke von 100 km innerhalb von zwei Tagen sogar einen Zwischenstopp einlegen. Weiterer Vorteil: Ein Flexpreis-Ticket können Sie bis zu einem Tag vor der Reise kostenfrei umtauschen oder stornieren.

Noch mehr sparen mit der BahnCard

Wenn Sie älter als 59 Jahre sind, zahlen Sie für die **BahnCard 25** in der 2. Klasse moderate 42 €. Das lohnt sich, wenn Sie immer mal wieder auf der Schiene unterwegs sind. Mit ihr bekommen Sie auf alle Preiskategorien 25 % Rabatt. Achtung: Mit der **BahnCard 50** (127 €) gibt **es nur auf den Flex-Preis 50 % Rabatt**, bei den Spar- und Super-Sparpreisen hingegen nur 25 %. Noch ein fieser Trick: Die jeweils ein Jahr gültigen BahnCards gibt´s nur im Abonnement. Wenn Sie nicht 6 Wochen vor Ablauf der Gültigkeit kündigen, wird Ihnen automatisch eine neue zugeschickt, die Sie bezahlen müssen!

 Mein Insider-Tipp

Um die jeweils günstigste Ticket-Option für Ihre Reise zu finden, empfehle ich Ihnen den Angebotsberater unter: www.bahn.de/p/view/angebot/berater.shtml

Den günstigsten Sparpreis finden Sie hier:
https://www.bahn.de/p/view/angebot/sparpreis/sparpreisfinder.shtml

Und um zu prüfen, ob sich eine BahnCard für Sie persönlich rechnet, schauen Sie am besten hier nach:
https://fahrkarten.bahn.de/privatkunde/bahncardrechner/bahncard_rechner_start.post

Notizen für finanzielle Unabhängigkeit

Mehr Lebensqualität

Bekommen Sie immer Ihr gutes Recht? Diese Schlichtungsstellen helfen Ihnen dabei

Ärger mit der Bank, dem Arzt, der Versicherung, der Bahn, dem Rechtsanwalt? Ehe Sie vor Gericht ziehen, ist es häufig sinnvoller, zunächst bei diesen Schlichtungsstellen Rat zu holen. Sie helfen bei der Problemlösung – und das in aller Regel sogar kostenlos. Hier sind die wichtigsten Schlichtungsstellen auf einen Blick:

Ärger mit Ihrer Bank?

Dann kommt es bei der Wahl der Schlichtungsstelle darauf an, bei welcher Bank Sie Kunde sind.

Für Privatbank-Kunden ist der Ombudsmann beim Bundesverband deutscher Banken zuständig: ombudsmann@bdb.de, Tel. 030-16633169.

Sparkassen haben ebenso einen Ombudsmann (www.dsgv.de, 030-202251510) wie auch Volks- und Raiffeisenbanken (www.bvr.de, 030-20211639). Für Öffentliche Banken ist die Beschwerdestelle in deren Bundesverband Ihr Ansprechpartner (www.voeb.de, 030-8192295).

Ihre Versicherung zahlt nicht?

Dann könnte der Verein Versicherungsombudsmann mit seiner Schlichtungsstelle helfen (www.versicherungsombudsmann.de, 0800-3696000). Weitere Ansprechpartner für Beschwerden über die gesetzliche Krankenversicherung finden Sie hier: www.krankenkassen.de/gesetzliche-krankenkassen/beschwerde/

Privat Kranken- oder Pflegeversicherte wenden sich an www.pkv-ombudsmann.de, 0221-99870.

Hat Ihr Arzt gepfuscht?

Wenn Sie diesen Verdacht haben, wenden Sie sich an die für Ihr Bundesland zuständige Gutachter- oder Schlichtungsstelle für Arzthaftpflichtfragen. Diese gibt es in Stuttgart, München, Frankfurt am Main, Hannover, Düsseldorf, Münster, Mainz, Saarbrücken und Dresden.

Entschieden wird in der Regel nach Aktenlage. Zahnärztliche Schlichtungsstellen sind bei den jeweiligen Landeszahnärztekammern angesiedelt. Infos unter www.kzbv.de, 0221-40010. Alternativ: www.mds-ev.de, 0201-83270.

Barrierefreiheit eingeschränkt?

Falls Sie behindert sind und die gesetzlich zugesicherte Umsetzung der Barrierefreiheit im Alltag nach dem Behindertengleichstellungsgesetz (BGG) beeinträchtigt sehen, wenden Sie sich bitte an die Schlichtungsstelle BGG, www.behindertenbeauftragter, 030-221911006.

Gas- oder Stromrechnung fehlerhaft?

Dann ist das ein Fall für die Schlichtungsstelle Energie e.V.: www.schlichtungsstel-le-energie.de, 030-27572400.

Hat Ihre Autowerkstatt geschlampt?

Eine Schiedsstelle des Zentralverbands Deutsches Kraftfahrzeuggewerbe könnte die Wogen glätten: www.kfz-schiedsstellen.de, scrollen, bis Deutschlandkarte erscheint, dort Postleitzahl oder Ort eingeben.

Nervende Werbeanrufe

sollten Sie der Bundesnetzagentur melden: www.bundesnetzagentur.de, 0228-140.

Ärger mit dem Reiseanbieter oder der Bahn?

Dann sind verschiedene Reiseschiedsstellen zuständig:
Öffentlicher Personenverkehr (Bahn, Bus, Flugzeug, Schiff): www.soep-online.de, 030-64499330.

Für Fluggesellschaften, die keiner anerkannten, privatrechtlich organisierten Schlichtungsstelle angeschlossen sind, ist die behördliche „Schlichtungsstelle Luftverkehr" zuständig, 0228-994106120.

Lösen Sie jetzt die 6 größten Probleme des modernen Lebens – mithilfe der alten Griechen!

Wenn Sie nach einem praktischen und bewährten Leitfaden suchen, der Ihnen hilft, Ihre geistige Gesundheit und Ausgeglichenheit in unserer aufregenden, komplizierten und hektischen Gesellschaft zu bewahren, dann schauen Sie zurück – auf die griechisch-römische Philosophie des Stoizismus!

Sie werden zu Recht fragen, wieso man denn einer Lebensauffassung folgen sollte, die ihre Wurzeln um 300 v. Chr. hat? Weil die menschliche Natur sich seitdem kaum geändert hat. Die Menschen wollen immer noch Liebe, Reichtum, Kinder und Ansehen, sie haben immer noch Angst vor Krankheiten, Naturkatastrophen, Kriegen und Armut. Sie brauchen nach wie vor einen Rahmen, um sich zu orientieren, Prioritäten zu setzen, das Gute zu würdigen und am Schlechten nicht zu zerbrechen. Was Ihnen der Stoizismus heute an persönlichem Nutzen bringen kann und wie seine Antworten auf die modernen Alltagsprobleme lauten, erfuhr ich von Philosophie-Professor Massimo Pigliucci, Lehrstuhlinhaber an der Universität New York und mehrfacher Buchautor.

Was bedeutet Stoizismus?

Stoizismus bedeutet nicht, Emotionen zu unterdrücken, Probleme auszusitzen oder so souverän zu sein, dass man notfalls auch ganz allein auf der Welt zurechtkommen könnte. Es geht darum, zu erkennen, dass jeder von uns zwar seine eigenen Urteile, Entscheidungen, Absichten und Verhaltensweisen kontrollieren kann – aber nicht das, was dabei herauskommt. Wenn man keinen Erfolg hat, lernt man daraus und versucht es erneut. Es ist dieser zweiteilige Ansatz: im Hier und Jetzt zu leben, aber immer danach zu streben, ein besserer Mensch zu werden. Die Basis des Stoizismus ist der Respekt vor dem anderen Menschen. Die Stoiker waren die erste und einzige große Gruppe freier Menschen, die sich offen gegen die Sklaverei aussprachen und die Frau als dem Mann ebenbürtig ansahen. Bei wichtigen Entscheidungen berücksichtigen Stoiker auch heute noch diese vier Kardinaltugenden:

- Praktische Weisheit: Wissen, was gut und was schlecht ist und was getan werden muss.

- Mut: Gemeint ist weniger der körperliche Mut, als vielmehr der moralische Mut, sich den täglichen Herausforderungen mit Klarheit und Rechtschaffenheit zu stellen.

- Mäßigung, das heißt Selbstbeherrschtheit und Besonnenheit in allen Lebensbereichen.

- Gerechtigkeit: Dem Anderen fair begegnen, auch wenn er falsch gehandelt hat.

So können stoische Prinzipien Ihnen helfen, diese sechs sehr modernen Herausforderungen zu meistern:

1. Herausforderung: „Ich stehe ständig unter Stress!"

Der stoische Ansatz lautet: Stress ist nicht etwas, das auf Sie ausgeübt wird – er beruht meistens auf überzogenen oder fehlgeleiteten Erwartungen, die wir an uns selbst stellen, weil wir versuchen, Dinge zu kontrollieren, die wir nicht kontrollieren können.

Stellen Sie sich vor, Sie wollen ein Zimmer in Ihrem Haus renovieren, um es an einen Studenten zu vermieten. Doch so sehr Sie sich auch bemühen, Sie können den zugesagten Einzugstermin nicht einhalten und müssen Ihren Mieter immer wieder vertrösten. Akzeptieren Sie das und vergraben Sie sich nicht in Selbstvorwürfen und Schuldzuweisungen. Denken Sie daran: Sie können die Ergebnisse Ihres Tuns nicht immer kontrollieren – dennoch können Sie Lehren aus dieser Erfahrung ziehen.

Eine stoische Praxis, die Sie dabei unterstützen kann, lautet:
Beantworten Sie sich am Ende jedes Tages diese drei Fragen:

- Was habe ich heute falsch gemacht?
- Was habe ich heute richtig gemacht?
- Was hätte ich heute anders machen können?

2. Herausforderung: „Auch wenn bei mir finanziell alles im Lot ist, mache ich mir ständig Gedanken darüber und bin nie mit meinem Vermögen und meinem Besitz zufrieden."

Stoiker versetzen sich regelmäßig gedanklich in die Situation, nichts zu besitzen, und führen sich vor Augen, dass alles, was sie zu besitzen glauben, nur aus dem Universum geliehen ist. Beispiele: Stoiker fasten regelmäßig einen oder mehrere Tage, um die nächste Mahlzeit umso besser würdigen zu können. Sie nehmen eine kalte Dusche, um sich daran zu erinnern, was für ein Privileg es ist, warmes und sauberes Wasser zu haben. Ist die Lieblingstasse zerbrochen? Der Stoiker sagt: Es war eine Tasse, ich wusste, dass sie zerbrechen könnte.

3. Herausforderung: „Ich habe nie genügend Zeit."

Der stoische Ansatz lautet: Zeit ist Ihre wertvollste Ressource. Geben Sie diese nicht leichtfertig weg – sie kann niemals zurückgezahlt werden – und verschwenden Sie sie nicht. Lernen Sie „Nein" zu sagen, wenn andere Ihre Zeit länger in Anspruch nehmen, als Sie bequem entbehren können. Umkehrschluss: Stehlen Sie Leuten, die Ihnen wichtig sind, nicht ihre Zeit.

4. Herausforderung: „Ich werde älter und mache mir ständig Sorgen um meine Gesundheit."

Sie vermuten bereits, wie der stoische Ansatz in diesem Fall lautet: Erkennen Sie, was Sie kontrollieren können und was nicht. Sie können sich gesund ernähren, Sport treiben, nicht rauchen usw., aber Sie können nicht wirklich kontrollieren, ob Sie krank werden und weshalb. Sich zu sehr um sich selbst zu drehen, ist eine Form von Narzissmus, die Stoiker vermeiden, indem sie sich an ihren Platz in der Unendlichkeit von Raum und Zeit erinnern, eine Meditationspraxis, die als „Ansicht von oben" bezeichnet wird.

5. Herausforderung: „Ich verplempere viel zu viel Zeit im Internet und ärgere mich darüber."

Der Stoiker sagt: Technologie ist weder gut noch schlecht. Aber wie Sie mit ihr umgehen, wie Sie sie einsetzen und welchen Nutzen Sie daraus ziehen, kann Sie zu einer besseren Person machen. Sie gibt Ihnen ständig die Möglichkeit, Ihre Wertmaßstäbe und Ihren Charakter zu trainieren.

6. Herausforderung: „Ich habe Angst zu sterben."

Der Tod ist natürlich und unvermeidlich. Wer dies nicht akzeptiert, wird im Leben nicht richtig glücklich sein. Den Tod als Teil des Lebens anzunehmen, bedeutet beispielsweise, sich auf ihn vorzubereiten, z. B. indem man ein Testament, eine Bestattungs- oder eine Patientenverfügung etc. verfasst.

7 Tipps: So finden Sie einen Partner

Besonders in der dunklen Jahreszeit wird vielen Singles schmerzhaft bewusst, dass sie allein sind und sich nach einer liebevollen Beziehung sehnen. Doch wie soll man im fortgeschrittenen Alter einen neuen Lebensgefährten finden? Mit den folgenden Tipps haben Sie die besten Chancen!

1. Fangen Sie bei sich selbst an!

Wenn Sie sich selbst wertschätzen und respektieren, werden es auch diejenigen tun, die Ihnen begegnen. Werfen Sie Ihre Komplexe über Bord. Sie mögen zwar nicht mehr gertenschlank und auch keine 30 mehr sein, aber diejenigen, die Sie kennenlernen werden, sind es auch nicht. Besinnen Sie sich auf Ihre Stärken, das wird Sie in die Lage versetzen, selbstbewusst aufzutreten. Sie sind einmalig!

2. Vor-Denken macht den Start einfacher

Springen Sie nicht ins kalte Wasser. Überlegen Sie zunächst, was Sie aus Ihren bisherigen Partnerschaften lernen können.

■ Was war daran gut, warum ist da evtl. etwas schiefgelaufen?

■ Wie stellen Sie sich Ihren idealen Partner vor?

■ Welche Kompromisse würden Sie eingehen?

■ Was wäre ein absolutes No-Go? Sind Sie bereit, umzuziehen, ggf. Ihre Immobilie zu verkaufen?

■ Suchen Sie eher eine lockere Freundschaft oder vielmehr eine feste Beziehung – evtl. mit Heiratsabsichten?

Wenn Sie sich darüber im Klaren sind, haben Sie bereits einen Großteil Ihrer „Hausaufgaben" erledigt und sind offen für neue Kontakte.

3. Gelegenheit schafft Liebe

Wenn Sie nicht gern allein ausgehen, schließen Sie sich einer Gruppe an. Das kann ein Sportverein sein oder eine Wander- oder Reisegruppe, ein Tanzkurs, eine Selbsthilfegruppe, eine ehrenamtliche Tätigkeit oder ein Kreis von Gleichgesinnten, die ein gemeinsames Hobby pflegen. Dort lernen Sie „ganz nebenbei" und unverbindlich Menschen kennen, die mit Ihnen auf gleicher Wellenlänge liegen.

4. Gehen Sie online

Das Internet ist eine fantastische Möglichkeit, Kontakte zu knüpfen. Doch Vorsicht: Die großen Kontaktbörsen im Internet zielen auf ein jüngeres Publikum. Zudem können Sie weder den Partnerbörsen selbst noch allen sich darin tummelnden Partner-Suchenden über den Weg trauen. Besser ist es, wenn Sie sich für eine Partnerbörse oder Community entscheiden, die sich speziell an die ältere Generation wendet und im Idealfall sogar kostenlos ist, wie etwa www.ahano.de, www.bildkontakte.de, www.50plus-treff.de, www.feierabend.de oder www.forum-fuer-senioren.de. Gehen Sie immer mit Bedacht vor und geben Sie online nicht zu viel von sich preis!

Spätestens nachdem Sie drei oder vier E-Mails ausgetauscht haben, ist es Zeit für ein Telefonat oder ein persönliches Treffen. Falls der andere zögert, ergreifen Sie die Initiative und verabreden Sie sich in einem Café.

5. Bleiben Sie locker

Ein Treffen mit einer unbekannten Person ist kein „Vorstellungsgespräch", bei dem es darauf ankommt, in kurzer Zeit ein Maximum an Informationen abzufragen. So was nervt eher. Das erste Treffen ist vielmehr dazu da, den anderen ein wenig einzuschätzen, zu erspüren, ob man sich sympathisch ist, ein wenig von sich selbst zu offenbaren und etwas Spaß zu haben. Überfrachten Sie es nicht. Plaudern Sie gern über Reisen, Restaurants, Filme oder Bücher – aber meiden Sie Themen wie Politik, Familie, Krankheiten oder Geld.

6. Seien Sie Sie selbst

Prahlerei oder gar Aufschneiderei wirken fast immer abstoßend. Seien Sie einfach so, wie Sie sind. Verstellen Sie sich nicht, das können Sie ohnehin nicht lange durchhalten. Lächeln Sie, zeigen Sie eine offene Körpersprache, bekunden Sie Interesse an Ihrem Gegenüber. Hören Sie aufmerksam zu, wenn der andere erzählt, stellen Sie offene Fragen, die sich nicht nur mit Ja oder Nein beantworten lassen. Texten Sie den anderen nicht mit Ihrer Lebensgeschichte zu, halten Sie den Ball flach.

7. Nach dem Treffen ist vor dem Treffen

Und wenn eine Begegnung, in die Sie große Hoffnungen gesetzt haben, im Sande verläuft oder wenn auch nach einem Dutzend Treffen niemand dabei war, der zu Ihnen passen könnte? Halten Sie durch und seien Sie geduldig – die Liebe braucht manchmal Zeit – doch sie kann einem in jedem Alter begegnen!

10 goldene Regeln, wie Sie sich vor Bankbetrügern schützen

Betrugsfälle beim Online-Banking haben im ersten Halbjahr 2019 stark zugenommen. Das meldete jüngst die R+V-Versicherung. Demnach gab es allein bei den Volks- und Raiffeisenbanken von Januar bis Juni 2019 rund 300 Betrugsfälle und eine Schadenssumme von insgesamt 5 Mio. €. Sie wähnen sich sicher, weil Sie bisher vielleicht aufs Online-Banking verzichten? Hier heißt es aufgepasst. Denn die Betrügereien beschränken sich nicht aufs Bezahlen im Internet. Auch beim Bezahlen und Geldabheben mit Debit- oder Kreditkarte lauern Gefahren. Deshalb hier für Sie die wichtigsten Regeln, wie Sie sich schützen, ob im Online-Banking oder bei klassischen Bankgeschäften und Bezahlvorgängen.

Regel 1: Werfen Sie Überweisungsträger vollständig ein oder geben Sie sie in der Bank ab

Es kommt selten vor, passiert aber doch hin und wieder: Manche Gauner beobachten die Briefkästen von Bank- und Sparkassenfilialen ganz genau. Wirft jemand einen Überweisungsträger nicht vollständig ein, ziehen sie diesen wieder heraus. Mit der IBAN des Auftraggebers und seiner Unterschrift fälschen sie dann gezielt Überweisungen. Das Geld landet auf dubiosen Auslandskonten und lässt sich nicht wieder zurückholen.

 Mein Fazit

Vorsicht mit Überweisungsträgern. Entweder, Sie geben diese persönlich am Bankschalter ab. Oder Sie werfen diese so in den Briefkasten des jeweiligen Kreditinstituts, dass sie nicht herausgeholt werden können. Der Schlitz ist normalerweise entsprechend schmal. Achten Sie darauf, dass das Papier ganz nach unten durchfällt.

Regel 2: Vorsicht bei Aufforderungen, Geld ins Ausland zu überweisen

Wenn Sie aufgefordert werden, das Geld für einen scheinbar begründeten Anspruch auf ein ausländisches Konto zu überweisen, sollten bei Ihnen alle Alarmglocken klingeln. Das mag jetzt sehr pauschal klingen. Aber meistens steckt Betrug dahinter. Kein heimischer Handwerker wird als Zielkonto auf seiner Rechnung ein polnisches, russisches oder rumänisches Konto angeben.

Hierzu für Sie ein Fall aus meinem Bekanntenkreis: Die Leiterin einer Grundschule hatte einen „Korrekturabzug" für einen Branchenbucheintrag per Fax bekommen und wie gewünscht korrigiert zurückgeschickt. Das wurde ihr als verbindlicher Auftrag für einen 1.400 € teuren Abdruck ausgelegt. Sie sollte das Geld nach Rumänien überweisen und wurde durch massive Androhungen juristischer Folgen eingeschüchtert. Die Masche heißt „Offertenschwindel" und ist vom Bundesgerichtshof längst als rechtswidrig eingestuft.

 Mein Fazit

Ein Auslandskonto als Ziel für Ihre Überweisung sollte Sie misstrauisch machen, wenn die entsprechende Leistung doch hier im Inland erbracht wird oder werden soll. Fragen Sie gegebenenfalls auch nach einem deutschen Konto, auf das Sie überweisen könnten. Auslandskonten erkennen Sie daran, dass die internationale Kontonummer IBAN nicht mit dem Kürzel DE für Deutschland beginnt.

Regel 3: Setzen Sie nach einem Auslandsurlaub das Kartenlimit auf 0 € zurück

Allzu viel Angst vor gefälschten Debit-, sprich EC-Karten brauchen Sie allerdings nicht zu haben. Denn in Deutschland und vielen anderen Ländern sind inzwischen alle mit einem goldfarbenen Sicherheitschip ausgestattet. Inländische Automaten geben nur Geld aus, wenn dieser (kaum zu fälschende) Chip vorhanden ist. Nur bei Automaten in weniger weit entwickelten Ländern reicht der (leicht zu fälschende) Magnetstreifen, um Geld abzuheben. Die Banken setzen daher das Abhebelimit für Auslandsabhebungen auf 0 €.

 Mein Fazit

Mit dem 0-€-Limit sind Sie gut geschützt. Wenn Sie im Ausland sind, können Sie es vorübergehend nach oben setzen lassen. Wenn Sie sich dabei auf wenige 100 € beschränken, können Sie auch dann keine Unsummen verlieren, falls Ihre Karte während Ihres Aufenthalts gefälscht und zum Geldabheben eingesetzt wird. Vergessen Sie nach Ihrer Rückkehr aber nicht, das 0-€-Limit wieder zu aktivieren.

Regel 4: Am Geldautomaten auf Nummer sicher gehen

Wenn Sie Geld am Automaten abheben (oder auch einzahlen), lassen Sie sich bloß nicht ablenken. Das gilt auch dann bzw. erst recht, wenn der Automat nicht das tut, was Sie erwarten: Wenn er die Karte einbehält und kein Geld ausgibt. Keinesfalls annehmen sollten Sie das Hilfsangebot fremder Personen. Denn diese sind nur darauf aus, Ihre Geheimzahl PIN auszuspähen.

Es handelt sich dann meist um manipulierte Geldautomaten, bei denen der Magnetstreifen Ihrer Karte zur Erstellung einer Kopie ausgelesen wird. Mit Ihrer PIN können Betrüger dann womöglich im Ausland Geld abheben. Auch sollten Sie Automaten meiden, die anders aussehen als gewohnt. Denn manchmal wird die PIN nicht von einer Person ausgespäht, sondern durch einen gefälschten Aufsatz auf der Tastatur (das nennt sich Skimming).

 Mein Fazit

Besser als die Nutzung von frei zugänglichen Geldautomaten auf der Straße und in Einkaufszentren sind solche im Vorraum einer Bankstelle oder -filiale. Gleichwohl gilt auch hier: Falls Ihnen etwas dubios vorkommt, melden Sie das unverzüglich bei Bank oder Polizei.

Regel 5: Misstrauen Sie E-Mails, die vermeintlich von Ihrer Bank stammen

Weit verbreitet ist immer noch das Phishing (dt.: Angeln von Daten): Betrüger verschicken E-Mails an Bankkunden. Die Mails sehen aus, als kämen sie direkt von der eigenen Hausbank. Die Empfänger werden aufgefordert, angeblich wegen eines Software-Updates oder einer Umstellung des Systems auf den eingefügten Link zu klicken. Der allerdings führt auf eine gefälschte Seite. Wer sich dort wie aufgefordert einloggt und eine Transaktionsnummer (TAN) eingibt, dem fehlt später garantiert ein größerer Betrag auf dem Konto.

 Mein Fazit

Bankenmails mit einem Link sind tabu. Klicken Sie keinesfalls auf den Link. Inzwischen gibt es Phishing auch bei Online-Zahlungsdiensten wie PayPal. Stets gilt: Wenn Sie sich in Ihr Konto einloggen wollen, geben Sie die Internetadresse eigenständig in die Adresszeile Ihres Browsers ein – und zwar ohne Nutzung der Auto-Vervollständigen-Funktion. Das ist am sichersten.

Regel 6: Tätigen Sie niemals Testüberweisungen

Ihre Bank wird Sie niemals auffordern, eine Testüberweisung zu tätigen. Wenn eine solche Aufforderung Sie erreicht, können Sie sicher sein: Dahinter stecken Menschen, die nichts Gutes im Schilde führen. Häufig wird der ursprünglich eingegebene Betrag (z. B. 1 Cent) nach oben korrigiert und das Empfängerkonto nachträglich geändert – und Tausende € sind futsch.

 Mein Fazit

Überweisungen sind besonders tückisch. Denn Sie können – anders als bei Lastschriften – das Geld nicht einfach durch Widerruf zurückholen.

Regel 7: Verläuft eine Online-Überweisung nicht wie gewohnt, brechen Sie sie ab

Bei einer Online-Überweisung werden Sie nach Eingabe des Empfängers, seiner Kontodaten und des Betrags aufgefordert, eine TAN einzugeben. Danach wird die Überweisung ausgeführt. Aber Vorsicht, wenn das System einen Fehler meldet und Sie auffordert, erneut eine TAN einzugeben. Das könnte ein Hinweis darauf sein, dass die Banken-Website von Hackern manipuliert wurde.

In diesem Fall brechen Sie lieber den Überweisungsvorgang ab und loggen sich aus. Zwar sind Sie nicht haftbar, wenn die Bankenseite nachweislich gehackt wurde. Aber sicher ist sicher.

 Mein Fazit

Ist die Banken-Website gehackt worden, haftet die Bank und nicht Sie. Trotzdem sollten Sie Vorsicht walten lassen und im Zweifelsfall zum Telefonhörer greifen, um mit Ihrer Bank zu klären, ob alles mit rechten Dingen zugeht. Wenn man Ihnen dort Entwarnung gibt, loggen Sie sich erneut ein und nehmen Sie die Überweisung abermals vor.

Regel 8: Machen Sie kein Online-Banking von unterwegs

Ob im Hotel, im Internetcafé oder an anderen frei zugänglichen Rechnern: Internet-Banking verbietet sich hier. Denn Sie wissen nicht, ob diese Computer sicher genug sind. Jemand könnte dort einen Trojaner (Spähprogramm) installiert haben, der Ihre Zugangsdaten ausspäht. Am heimischen Rechner dagegen sind Sie sicher, wenn Sie ein aktuelles Anti-Viren-Programm und eine Firewall installiert und aktiviert haben.

Mein Fazit

Online-Banking sollten Sie nie von fremden Computern aus machen. Und obwohl immer mehr Banken mit einer angeblich sicheren Smartphone-App werben, mit der Sie bezahlen und Ihre Kontoumsätze überwachen können: Lassen Sie die Finger davon – das ist sicherer!

Regel 9: Halten Sie Ihre PIN geheim

Schreiben Sie sich die PIN nirgends auf, schon gar nicht auf einem Zettel in Ihrem Geldbeutel oder der Brieftasche, in der Sie Ihre Karte aufbewahren. Selbst eine als Telefonnummer getarnte PIN auf dem Smartphone ist gefährlich. Denn Betrüger haben einen Riecher für solche „Verstecke". Und die Bank erstattet Ihnen im Falle eines Diebstahls keinen Cent, wenn der Dieb sofort die richtige PIN eingibt: Die Gerichte werten dies als klares Indiz dafür, dass Karte und PIN zusammen aufbewahrt wurden.

Mein Fazit

So schwer Ihnen das fallen mag: Lernen Sie Ihre PIN auswendig. Falls Sie befürchten, sie zwischenzeitlich zu vergessen, verstecken Sie sie zuhause gut oder sperren Sie sie in den Tresor.

Regel 10: Prüfen Sie Ihre Kontoauszüge und Kreditkartenabrechnungen regelmäßig

Die Empfehlung, Ihre Kontoauszüge und Kartenabrechnungen regelmäßig zu prüfen, mag Ihnen banal erscheinen. Trotzdem ist sie angebracht. Denn in den seltensten Fällen kommen diese Dokumente noch per Post. Oft werden sie einfach ins Online-Archiv Ihres persönlichen Login-Bereichs eingestellt. Und da verbleiben sie oft monatelang ungelesen.

Mein Fazit

Machen Sie es sich zur Gewohnheit, an einem bestimmten Tag im Monat Ihre Kontoauszüge und Kreditkarten-Abrechnungen zu prüfen. Gleiches gilt, wenn Sie Zahlungsdienste wie Paydirekt oder PayPal nutzen. Sollten Sie Unregelmäßigkeiten entdecken, reklamieren Sie sofort.

Was sind die besten Verhaltensweisen, wenn Sie auf der Straße bedroht werden?

Diese Frage sollten Sie sich nicht erst dann stellen, wenn es tatsächlich so weit ist, sondern am besten jetzt! Denn wenn Sie auf eine körperliche Bedrohung vorbereitet sind und eine solche Situation in Gedanken bereits durchgespielt haben, können Sie viel besonnener reagieren und die Gefahr abwehren. Nach einer Studie der Polizei Hannover wird allein durch verbale Gegenwehr die Mehrzahl der Übeltäter von ihrem Vorhaben abgebracht! Das heißt: Auch Sie können etwas tun, um in einer Notsituation richtig zu handeln bzw. sie erst gar nicht entstehen zu lassen. Was genau, erfuhr BENEFIT von einem Kriminalkommissar, der sich auf Verbrechensvorbeugung und Opferschutz spezialisiert hat.

Vorbeugungsstrategie Nr. 1: Bieten Sie potenziellen Tätern ein möglichst unattraktives Ziel

Ein Täter wünscht sich neben der Beute vor allem zweierlei: 1. ein wehrlos wirkendes Opfer und 2. kein Aufsehen. Beides können Sie ihm vermasseln.

Wer mit eingezogenem Kopf und gesenkten Schultern langsamen Schrittes durch die Dunkelheit huscht, signalisiert einem Täter, dass er unaufmerksam, wehrlos und schwach ist. Versuchen Sie also, das genaue Gegenteil darzustellen.

1. Richten Sie Ihren Blick geradeaus, sehen Sie nicht auf den Boden, sondern beobachten Sie mit wachem Blick aufmerksam Ihre Umgebung. Wenn Sie jemand fixiert, weichen Sie dem Blick nicht aus, sondern schauen Sie ebenso bestimmt zurück.

2. Gehen Sie bewusst aufrecht und signalisieren Sie so Selbstbewusstsein sowie Verteidigungsbereitschaft.

3. Gehen Sie in normalem Tempo, zu langsames Gehen signalisiert ein leichtes Ziel, zu schnelles Angst. Richtiges Verhalten zur Abwehr von Straftaten können Sie in so genannten Selbstbehauptungskursen erlernen. Diese werden von Polizeidienststellen, Wohlfahrtsverbänden und Volkshochschulen angeboten. Fragen Sie dort danach.

4. Selbstverständlich sollte sein, dass Sie Wertsachen wie Schmuck oder Armbanduhr nicht auffällig mit sich herumtragen. Führen Sie nie unnötig viel Bargeld bei sich.

5. Hand- oder Aktentaschen tragen Sie am besten unter dem Arm oder an einem Schulterband quer über den Oberkörper, und zwar auf der der Straße abgewandten Seite. So schützen Sie sich vor Taschendieben, die mit Zweirädern oder Autos auf Beutezug sind.

6. Wenn Sie sich in einer unsicheren Umgebung befinden: Programmieren Sie die Notrufnummer 112 auf eine Kurzwahltaste, sodass Sie sie im Notfall unauffällig in Ihrer Tasche anwählen können. Auch wenn Sie nicht sprechen können, kann der Polizist am anderen Ende der Leitung mithören, Sie gegebenenfalls orten und Hilfe schicken. Ein Handy ist zur Abschreckung ebenfalls äußerst hilfreich. Kaum ein Täter wird jemanden angreifen, der gerade telefoniert – oder so tut, als ob.

7. Meiden Sie unsichere Orte. In den meisten Städten gibt es bestimmte Viertel, dunkle Ecken, Fußgängerunterführungen und Parks, die als dubios bekannt sind. Meiden Sie diese bei Dunkelheit, am besten aber auch tagsüber. Achten Sie auf herumlungernde Einzelpersonen und Gruppen. Nehmen Sie lieber einen kleinen Umweg in Kauf, wenn Ihnen die Situation nicht ganz geheuer erscheint.

8. Auf Busbahnhöfen und Bahnsteigen gibt es Notrufeinrichtungen. Wenn Sie auf Ihren Anschluss warten müssen, prägen Sie sich deren Lage ein. Vielleicht gibt es ja auch eine besetzte Aufsichtskanzel.

9. Sollten Sie joggen und dabei gern Musik hören, denken Sie daran, dass die Ohrhörer Sie von der Außenwelt ein Stück weit abschotten, sodass Sie nicht bemerken, wenn sich Ihnen jemand von hinten nähert. Sicherer ist es, z. B. nur einen Ohrhörer zu verwenden. Wenn Sie entlang einer Straße joggen, laufen Sie gegen den Verkehrsfluss, damit Sie nicht von einem Fahrzeug verfolgt werden können.

Wenn Sie sich unmittelbar bedroht fühlen

Angenommen, jemand kommt auf Sie zu und spricht Sie an, bittet Sie um Geld, um Feuer oder er fragt nach dem Weg. Sie haben jedoch ein ungutes Gefühl und fürchten, dass die Frage nur vorgeschoben ist und derjenige etwas ganz anderes mit Ihnen im Sinn hat. Bleiben Sie nicht stehen, sondern gehen Sie weiter, sagen Sie laut und bestimmt: „Tut mir leid, ich bin in Eile!" Meist haben Sie dann Ihre Ruhe.

Sollte der ungebetene Begleiter Ihnen weiterhin folgen und auf Sie einreden, sprechen Sie betont laut, sodass andere Passanten es hören können, etwa: „Sprechen Sie mich nicht an! Ich kenne Sie nicht! Belästigen Sie mich nicht weiter!" Dadurch stellen Sie Öffentlichkeit her und signalisieren anderen vor allem durch die „Sie"-Ansprache, dass es sich nicht um eine private Auseinandersetzung handelt, sondern um eine Bedrohungssituation durch einen Unbekannten. Duzen Sie Ihr Gegenüber deshalb nicht, auch wenn Sie von ihm geduzt werden sollten.

Sprechen Sie Passanten an und bitten Sie darum, Ihnen zu helfen. Das funktioniert am besten, wenn Sie Ihre Bitte nicht allgemein formulieren, sondern konkret an jemanden richten, beispielsweise „Hallo, Sie in der hellen Hose und dem roten Pullover, rufen Sie bitte die Polizei an, ich werde hier bedroht." Die Erfahrung zeigt:

Nur wenn Sie jemandem quasi „befehlen", Ihnen zu helfen, sind die Chancen auf schnelle Hilfe tatsächlich gut.

Wenn der Täter Sie auffordert, ihm Ihre Brieftasche zu geben, tun Sie es. Werden Sie nach Möglichkeit nicht handgreiflich, denn dadurch kann die Begegnung sehr schnell eskalieren. Wehren Sie sich, indem Sie laut auf ihn einreden und andere in die Situation einbeziehen.

Werden Sie so heftig und unvermittelt bedroht, dass Sie um Ihre Gesundheit fürchten müssen, schreien Sie laut „Feuer, Feuer, Feuer!". Dieses Wort erweckt wesentlich mehr Aufmerksamkeit, als wenn Sie „Hilfe" rufen, vor allem bei Nacht.

Lautstarke Helferlein

Wenn Sie oft bei Dunkelheit unterwegs sein müssen: Eine Trillerpfeife ist ein ebenso preiswertes wie wirksames Signal- und Abwehrinstrument. Alternativ bietet sich eine elektronische Sirene an, die Sie bequem in der Tasche mit sich führen können. Im Ernstfall verbreiten Sie damit einen ohrenbetäubenden Lärm, der jeden Täter verunsichert und andere auf Ihre Notsituation aufmerksam macht, etwa den Panik-Taschenalarm DX-A 127 von Conrad, ca. 7,35 € inklusive Versandkosten und Batterie. Bestellnummer 751569-62, www.conrad.de, Tel. 09604-408787.

In Straßenbahnen und Bussen sind die sichersten Plätze in der Nähe des Fahrers (Rufweite) am Mittelgang. Wenn Sie in der Bahn bedroht werden, können Sie im Fall, dass Sie selbst oder jemand anderes massiv bedroht werden, die Notbremse betätigen. Gut zu wissen: Unterirdische U- und S-Bahnen halten dann nicht auf freier Strecke an, sondern fahren auf jeden Fall weiter bis zur nächsten Haltestelle.

Nach der Attacke

Ein Angriff, egal ob ausgeführt oder lediglich versucht, ist eine Straftat. Melden Sie die Attacke daher auf jeden Fall der nächsten Polizeistation. Hilfreich ist es, wenn Sie sich ein paar Merkmale des Übeltäters gemerkt haben: wie groß, welche Statur, welches Alter, welche Bekleidung, welche Sprache bzw. welcher Dialekt? Wenn Sie psychischen Beistand benötigen, sagen Sie das der Polizei.

Schluss mit Einbruch:
Die 7-Minuten-Anleitung

Dass Geodienste für Verbrechen, Spionage und Terroranschläge verwendet werden, ist längst Realität!

So nutzten beispielsweise am 26. November 2008 beim Anschlag in der indischen Metropole Mumbai islamistische Täter *Google Earth* zur Planung! Wie Sie vielleicht wissen, kamen damals bei 17 Explosionen an 10 verschiedenen Orten und Angriffen mit Schnellfeuerwaffen und Geiselnahmen 174 Menschen ums Leben. Mindestens 239 wurden verletzt. **Das ist auch der Grund, weshalb verschiedene Staaten brisante Aufnahmen bei *Google Earth* zensieren.** Durch Verpixelung unkenntlich gemachte Orte sind z.B. getarnte Wohnsitze von Mächtigen oder Militäreinrichtungen wie etwa der NATO-Flughafen in Geilenkirchen (Deutschland), das Stadtgebiet Noordwijk (Niederlande), der Sitz einer geheimen Koordinationsstelle des Verteidigungsministeriums für Öl- und Gasversorgung, oder das Army Logistics Command, Taipeh (Taiwan).

Verstehen Sie: Solche Eliten-Häuser und Militäranlagen & Co. werden geschützt. Ihr Wohnhaus, Ihr Kfz-Kennzeichen, womöglich sogar Sie als Person auf Ihrem Grundstück hingegen werden jedoch bei Geodiensten wie *Google Street View* einfach online gestellt. Zeit, dass Sie sich dagegen wehren!

Was ist Google Street View überhaupt?

Google Street View ist genauso wie *Google Maps* und *Google Earth* ein Online-Dienst des US-Giganten Google. Nach Angaben des Anbieters können mit *Google Street View* Sehenswürdigkeiten und Naturwunder auf der ganzen Welt angesehen, es kann Museen, Sportstadien, Restaurants oder kleinen Geschäften ein virtueller Besuch abgestattet werden.

Die in *Google Street View* gezeigten Aufnahmen sind keine Echtzeitbilder. Diese entsprechen dem Zustand der Straßen und Gebäude zu dem Zeitpunkt, an dem die Google-Fahrzeuge einen Ort zuletzt passiert haben. Danach werden die Aufnahmen fertig bearbeitet. Das alles kann mehrere Monate dauern. **Aus diesem Grund können die Inhalte bei *Google Street View* stellenweise schon viele Jahre alt sein und sind damit nicht mehr aktuell.**

So sammelt Google Street View Ihre Daten

Die Rohdaten (360-Grad-Panoramabilder) werden mit speziell ausgerüsteten Fahrzeugen (und Fahrrädern) aufgenommen, die neben Kameras auch Lasermessgeräte (Erfassungsradius 50 Meter) zur dreidimensionalen Vermessung besitzen. **Diese Daten werden aber nicht nur für *Google Street View* benutzt, sondern auch für die räumliche**

Darstellung von Gebäuden bei *Google Earth*. Neben diesen Foto- und 3-D-Daten werden auch solche über Funknetze gesammelt, die der WLAN-basierten Ortung dienen.

Strenge Datenschutz-Gesetzgebung macht es Google in Deutschland (noch) schwer!

Im Jahr 2008 fing Google an auch in Deutschland Straßenzüge und bekannte Objekte in Städten (z.B. das Kanzleramt oder die Siegessäule in Berlin) aufzunehmen. **Doch aufgrund des strengen Datenschutzes gingen Politiker, Datenschutzbehörden und Verbraucherschützer sprichwörtlich auf die Barrikaden.** In Deutschland dürfen nicht einfach so Gesichter, Autokennzeichen, Privatwohnungen oder Privatstraßen veröffentlicht werden. Deshalb richtete der US-Gigant 2010 eine Seite ein, auf der hiesige Bürger **vor einer Veröffentlichung die Unkenntlichmachung (Verpixelung) des eigenen Hauses beantragen konnten.**

In der Anfangszeit gab es rund 245.000 dementsprechende Anträge. Der TÜV Rheinland prüfte den Bearbeitungsvorgang und erteilte Google schließlich das *TÜV-Rheinland-Gütesiegel*. Doch aufgrund der weiter schwierigen datenrechtlichen Lage gab Google 2011 bekannt, den in Deutschland durch *Street View* abgedeckten Bereich nicht auszuweiten. Sollten Sie jetzt dennoch ein Google-Fahrzeug durch die Straßen fahren sehen: Diese Aufnahmen dienen nach eigenen Angaben lediglich der Verbesserung des Kartendienstes *Google Maps*.

Übrigens sind laut Google diese 20 größten deutschen Städte in *Street View* erfasst: Berlin, Bielefeld, Bochum, Bonn, Bremen, Dortmund, Dresden, Duisburg, Düsseldorf, Essen, Frankfurt am Main, Hamburg, Hannover, Köln, Leipzig, Mannheim, München, Nürnberg, Stuttgart und Wuppertal.

Diese zwei Gefahren bestehen für Sie bei Google Street View nach deutschem Datenschutz

1. Aufnahme von Personen: Obwohl Google bereits seit 2008 sämtliches aufgenommenes Bildmaterial mithilfe einer speziellen Software nach Gesichtern von Passanten sowie Kfz-Kennzeichen durchsucht und (durch Weichzeichnung) unkenntlich macht, kommt es immer wieder zu Fehlern. Und zwar insofern, dass nicht alle Gesichter oder Kennzeichen vollständig unkenntlich gemacht wurden!

2. Aufnahme von Privatwohnungen und Privatstraßen: Dieses Problem ist juristisch heikel und umstritten. So geht man allgemein davon aus, dass zumindest bei Einfamilien- oder kleineren Mehrfamilienhäusern und Gehöften das Speichern unzulässig ist. Nachzulesen in Kommentaren des Bundesdatenschutzgesetzes (BDSG).

So lässt sich Google Street View nutzen

Sie haben drei Möglichkeiten, *Google Street View* anzusehen:

1. **In *Google Maps*:** Öffnen Sie *Google Maps* (*https://www.google.de/maps*). Auf der rechten unteren Bildfläche sehen Sie nun ein gelbes Männchen, den sogenannten Pegman. Gehen Sie mit Ihrem Cursor darauf und ziehen Sie den Pegman auf einen Ort bzw. Straße auf der Karte. Lassen Sie dann die Maustaste los. Die Grafik geht nun in eine 3-D-Aufnahme über. Das Bild ist mit der Maus um 360 Grad sowie nach oben und unten drehbar. In *Google Maps* sind Pfeile in das Bild integriert, um zum nächsten oder zurück zum vorherigen Panorama zu wechseln. Da etwa alle zehn Meter ein Foto gemacht wird, ist es so möglich, eine Strecke virtuell „abzufahren". Übrigens: Straßen, für die *Street-View*-Daten verfügbar sind, sind blau unterlegt. Steht der Geodienst für eine bestimmte Karte nicht zur Verfügung, ist das Männchen ausgegraut.

2. **In der *Street View-Galerie*** (*www.google.com/streetview*): Gehen Sie rechts oben auf das Quadrat, um sich weitere Fotos oder eine Liste der Orte auf der Galerieseite anzusehen. Klicken Sie auf die 360°-Fotos und verwenden Sie dann den nach links bzw. nach rechts weisenden Pfeil am oberen Bildrand. So gelangen Sie zu weiteren Aufnahmen.

3. **In der *Street View-App*:** Laden Sie im *Google Play-Store* (*https://play.google.com/*) die neueste Version herunter. Öffnen Sie die App und tippen Sie dann entweder auf *Empfohlen* (beliebte 360°-Fotos aus der ganzen Welt), *Erkunden* (die besten 360°-Fotos aus Ihrer Kartenansicht) oder *Profil* (360°-Fotos, die Sie in *Google Maps* veröffentlicht haben).

 Achtung

Google gibt an, Ihre Meldung so schnell wie möglich zu prüfen. Doch bedenken Sie: Wenn ein Foto einmal unkenntlich gemacht wurde, bleibt es auch so! Das gilt nicht nur für bereits vorhandene Aufnahmen, sondern ebenso für künftige Fotos. Der Vorgang kann nicht rückgängig gemacht werden.

7-Minuten-Anleitung: So lassen Sie Ihr Wohnhaus, Ihr Autokennzeichen oder gar Ihre Person bei *Google Street View* löschen!

1. **Prüfen Sie, ob Ihr Wohnhaus bereits bei *Google Street View* oder anderen Geodatendiensten veröffentlicht wurde!** So gehen Sie vor: Über eine Suchfunktion auf der Webseite *geodatendienstekodex* (*https://geodatenkodex.de*) können Sie feststellen, ob Bilder Ihres Hauses oder Ihrer Wohnung von *Google Street View* oder einem anderen Dienst genutzt werden (*https://geodatenkodex.de/index.php/fuer-verbraucher/*). Tragen Sie dazu Ort, PLZ, Straße und Hausnummer ein. Wenn dort nichts zu sehen ist, dann hat Google noch keine Daten erhoben oder diese noch nicht veröffentlicht.

2. **Füllen Sie das „*Formular zum Widerspruch von Bildmaterial bei Geolokalisierungsdiensten*" aus!** Sie können Ihren Widerruf in wenigen Minuten online abschicken! Neben Ihrer persönlichen Anschrift müssen Sie dort auch einige Informationen zum betroffenen Gebäude angeben, z.B. zur Bauart des Hauses, oder Angaben zur Hausfassade machen.

   Google selbst bietet dazu eine direkte Möglichkeit in Google Maps für Sie an:

   1. Öffnen Sie Google Maps (https://www.google.de/maps/) oder die Street View-Galerie. Gehen Sie wie oben beschrieben vor.
   2. Suchen und öffnen Sie das 360°-Foto, das gegen die Richtlinien zur Bilderfreigabe und zum Datenschutz bei Google Maps verstößt.
   3. Klicken Sie rechts unten auf Problem melden.
   4. Füllen Sie das Formular aus.
   5. Klicken Sie auf Übermitteln.

3. **Senden Sie das ausgefüllte Formular ab!** Sie können das Formular auch ausdrucken und direkt an den deutschen Google-Sitz in Hamburg senden, um der Veröffentlichung zu widersprechen. Die Adresse lautet: *Google Deutschland GmbH, ABC-Str. 19, 20354 Hamburg*. Vergessen Sie nicht, eine Kopie des ausgefüllten Formulars für Ihre Unterlagen zu machen!

4. **Warten Sie die Bestätigung Ihres Widerspruches ab!**

5. **Prüfen Sie nach, ob das von Ihnen monierte Bild auch tatsächlich entfernt bzw. unkenntlich gemacht wurde!** Über mögliche Verstöße gegen den Geodatendienst-Kodex können Sie sich auch beim *Verein Selbstregulierung Informations-*